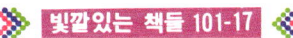

농기구

글/박대순 ● 사진/김종섭

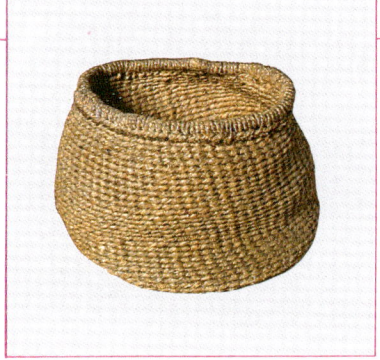

대원사

박대순 ━━━━━━
성균관대학교 국어국문학과를 졸업하
고 단국대학교 사학과 대학원에서
석사학위를 취득하였다. 국립민속박
물관 전시과장을 거쳐 현재 국립광주
박물관 학예연구실장으로 있다. 논문
으로 '조선시대 관례의 사적 연구'
외 여러 편이 있다.

김종섭 ━━━━━━
본사 사진부 차장

도움 주신 곳 ━━━━━━
국립중앙박물관
농업협동조합중앙회 농업박물관
온양민속박물관

농기구

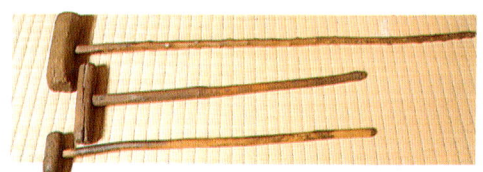

농기구

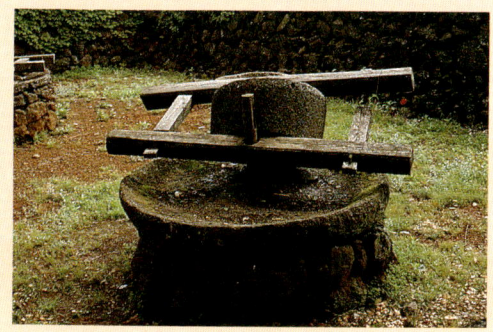

머리말

 인간은 필요로 하는 대부분의 식량을 저절로 생겨난 자연의 생산물에 의존하여 왔다. 그러다가 인간이 생산의 주체가 된 것은 원시적인 형태이기는 하지만 농경(農耕)을 시작하고서부터라고 할 수 있다.

 사실 원시적인 형태의 농경이 인간의 우연한 발견에서 출발했던 것임을 생각할 때, 농경의 시작은 자연이 인간에게 부여한 하나의 혜택이다. 그러나 기계 문명의 발달에도 불구하고 농경이 여전히 자연력(自然力)에 의해 좌우되고 있는 것을 보면 자연에 대한 인간의 나약성은 어쩔 수 없다고 하겠다.

 이 우연한 자연의 혜택 곧 농경의 발견이 이루어진 뒤 인간 노력의 결과로 농경은 인간들이 자연에만 의지하던 생활에서 벗어나 독립적인 생활을 가능하게 하는 원동력이 되었다. 이러한 노력의 대표적인 물질 문화로서 농경의 각 용도에 적절히 사용된 농기구(農器具)의 발명을 들 수 있다. 다시 말해 농경은 인간의 우연한 발견에서 비롯되어 인간의 지속적인 노력의 결과인 농기구의 발명과 함께 발전되어 온 것임을 뜻한다.

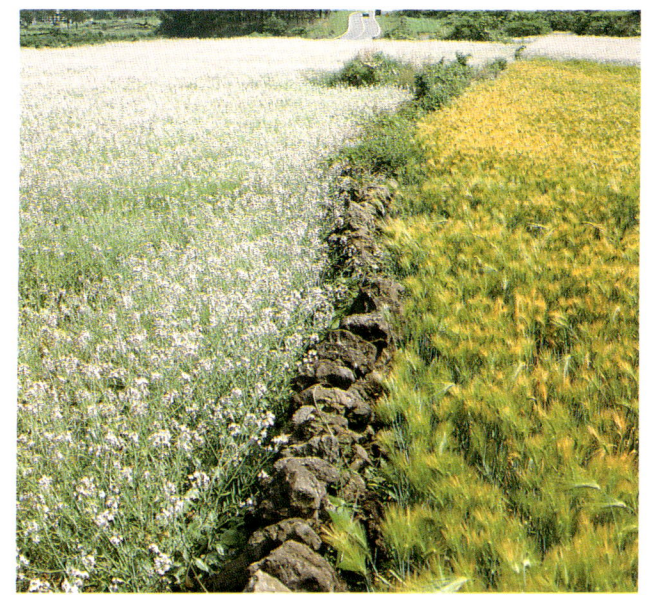

농경지　농경을 시작하고부터 인간은 생산의 주체가 되어 필요로 하는 대부분의 식량을 해결해 왔다.

　우리나라의 경우 신석기시대 후기부터 이러한 원시적인 농경이 시작된 것으로 보고 있다. 그 뒤 한국 사회에서 농업은 국가 경제의 근간(根幹)이 되어 왔다. 그러나 최근 산업 구조가 도시 중심의 상공업 체제로 이행해 가면서 농업은 그 비중이 점차 약화되어 가는 추세에 있으며, 이와 함께 재래의 전통적인 농기구도 이제는 산간 벽촌에서조차 찾아보기 어려운 실정에 있다.

　그런 까닭에 전통적인 우리나라의 농기구가 더 이상 소멸되기 전에 사진과 글로 남겨 놓으려는 필자의 소박한 바람을 어설프게나마 시도해 보려 한 것이 이 책의 목적이다.

농경 문화의 시원과 그 영향

　　인류는 오랜 기간에 걸쳐 진화를 거듭해 오는 동안 자신들의 문화
를 점차 향상시켜 왔다. 또한 인류의 생존과 번영을 가능케 한 것으
로 음식물을 획득하는 기술과 방법의 중요성도 인식하여 왔다. 이
가운데 가장 단순하고 원시적인 방법은 자연의 산물인 동식물을
사냥하거나 어로와 채집에 의해 획득하는 방식이었다. 따라서 이들
의 생활이란 음식물을 찾아 정처없이 이곳저곳을 다니면서 야생
동물을 사냥하거나 강과 바닷가에서 조개, 물고기 따위를 잡아먹거
나 야생 식물이나 그 열매를 채집하여 먹고 살아가는 것이 전부였다
고 할 수 있다.

　　이와 같이 자연에서 획득할 수 있는 것만을 채집하는 경제를 수렵
채집 경제(狩獵採集經濟) 또는 자연의 약탈 경제(掠奪經濟)라고
한다.

　　그리고 인류의 이러한 생활 방식은 농경의 방법이 터득되기 전까
지 인류사의 거의 대부분을 차지했던 방법이다. 이러한 생활은 구석
기시대까지 계속되었다.

　　그러다가 구석기시대의 빙하가 물러가고 지상의 기온이 점차

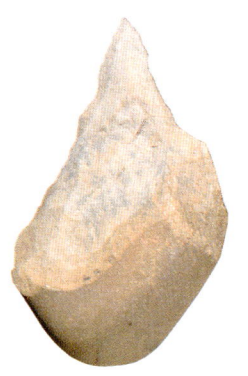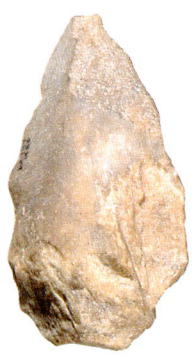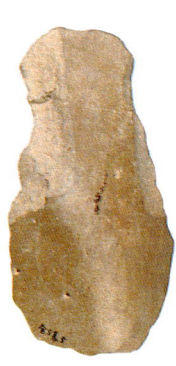

구석기시대의 농업 용구 외날찍개(왼쪽), 주먹도끼(가운데), 가르는 도끼(오른쪽). 국립중앙박물관 소장.

올라감에 따라 지상의 생활 조건이 크게 바뀌기 시작했다. 바뀐 자연 환경은 인류의 식량인 동식물에도 영향을 주어 결국 인간은 이 새로운 환경에 적응해야만 했다. 이 적응의 결과 가운데 하나가 중동(中東)을 비롯한 몇 지역에서 아마도 만 년 전을 전후한 시기에 우연히 발견되고 시도된 원시적 농경과 목축(牧畜)일 것이다. 이것을 문화인류학에서는 신석기 혁명(新石器革命;Neolithic Revolution)이라 한다.

이것은 인류가 지금까지 자연에 의존해 오던 식량 채집 및 약탈 단계에서 식량의 규칙적인 재생산과 확보를 가능하게 하는 식량 생산 단계로 나아갔음을 의미하는 것이다. 또한 인류가 자연 환경의 지배에서 벗어나 자연의 정복을 시도하였음을 뜻한다.

일반적으로 농업의 발전 단계는 둘로 나뉜다. 첫번째 단계를 누경 농업(耨耕農業;Horticulture) 또는 원시 농업(原始農業)이라 하여 이른바 화전 농업(火田農業)을 말하며, 이보다 더 발전된 농업 형태의 두번째 단계를 집약 농업(集約農業;Agriculture) 또는 일반적인 농업이라 한다. 원시 농업이란 굴봉(掘棒;Digging Stick)과 같은

간단한 손연모를 사용하여 경작하는 농업이며, 집약 농업이란 쟁기와 같은 연장을 사용하는 이경 농업(犂耕農業) 방식을 말한다.

화전 농업이란 농경지(農耕地)로 사용할 들이나 산의 초목에 먼저 불을 질러 놓은 뒤 모든 식물이 불에 타 재가 되면 이것을 비료로 사용하여 작물을 재배, 수확하는 농법이다.

초목에 불을 놓아 사용하는 화전은 평지에도 만들 수 있겠지만 평지보다는 비탈진 산간이 편리하여 화전 농업은 주로 산간 지역에서 행해지고 있다.

화전 농업은 초목의 재를 이용하는 농업이기 때문에 처음 1, 2년 동안은 토지가 비옥하지만 몇 년이 지나고 나면 지력(地力)이 손실되어 그곳에 또 파종을 하여도 작물이 자라지 않는다. 따라서 화전민은 먼저 사용하던 토지를 버리고 다시 새로운 화전지(火田地)를 찾아 옮겨 가야만 한다. 이처럼 화전민은 새로운 농경지를 찾아 계속 이동해야 하기 때문에 화전 농업을 일명 이동 농업(移動農業)이라고도 한다. 따라서 원시 농업은 집약 농업에 비해 더 광범위한 농경지를 필요로 한다.

화전 농업은 우리나라의 경우 최근까지도 산악 지대인 강원도, 함경북도 같은 곳에서 행해졌다. 지금까지 화전 농업으로 알려진 대표적인 지역은 동남아시아의 필리핀, 인도네시아, 인도차이나 등과 태평양의 멜라네시아, 폴리네시아, 마이크로네시아의 여러 도서 지대와 아프리카 대륙의 경우 사하라 사막 이남의 전지역 특히 수단, 콩고 등지를 들 수 있다. 신대륙에서는 남미의 적도(赤道), 중미의 멕시코, 미국의 동부와 서남부 등지가 유명하다.

이상에서 알 수 있듯이 화전 농업은 주로 열대, 온대 지방의 도서, 산간 지대에 널리 분포되어 있다.

원시 농업에 비해 집약 농업은 보다 한정된 지역에서 행해지며 집중적인 노동력의 투입을 필요로 하는 농사법이다. 집약 농업을 원시 농경과 비교해 볼 때 근본적으로 다른 점은 농경에 사용되는 연장 곧 농기구의 차이에 있다.

가령 원시 농업은 굴봉이나 호미와 같은 손연모로 땅을 얕게 뒤집어 파종만을 하였으나 집약 농업에서는 쟁기를 사용하여 땅의 보다 깊은 부분까지 뒤집어 작물이 성장하는 데 유리하도록 토지를 이용한다. 또한 집약 농업에서는 사람말고도 가축의 힘을 사용하고 있는 것도 원시 농경 방식과 다른 점이다.

표 1. 원시 농업과 집약 농업의 차이점

	원시 농업	집약 농업
농경 방식	이동 농경 방식	정주 농경 방식
지역	광범위한 지역을 필요로 함 인력에 의존	보다 한정된 지역에서 행함 인력 밖에 가축의 힘 이용
시설물	자연 조건에 의존	인위적 시설물을 만듦
연장	호미, 굴봉과 같은 손연모를 주로 사용	쟁기, 따비, 가래 등 다양한 농기구를 개발 사용

그러나 집약 농업의 가장 두드러진 특징은 무엇보다도 관개 시설(灌漑施設)의 확립과 토지의 집약성이라 할 수 있다.

관개 시설은 특히 수전농(水田農) 곧 논농사와 같이 농작물의 성장 과정에 물이 절대적으로 필요하다는 점에서 더욱 그 중요성이 드러난다. 집약 농업에 있어서 관개 시설이 인류 문화에 끼친 영향은 그 중요성을 아무리 강조해도 지나치지 않을 것이다. 이 인위적인 관개 시설의 건립에 의해 인간은 식량의 확보에 있어 자연 조건에 의존되던 생활 방식을 벗어나 자연을 어느 정도 극복할 수 있게 되었다.

또한 이러한 집약 농업에는 일시에 많은 노동력을 투입하여야 하기 때문에 인간의 노동만으로는 부족하여 동물의 힘을 이용하게 되었다. 다시 말해서 축력(畜力)의 사용은 인간 노동력의 한계를 벗어나게 함과 동시에 동물을 다만 식용(食用)의 대상에서 이제는 동력(動力)의 원천으로도 인식하게 하는 한 계기가 되었다.

그러한 토지의 집약성이란 한 명의 농민이 생존에 필요한 토지 경작 면적의 산출에서 확실하게 파악된다. 가령 화전농의 경우는 1인당 29.64에이커가 필요한 반면 집약농의 토지 면적은 2.12에이커면 된다고 한다. 곧 집약농의 경우는 화전농보다 10분의 1도 채 안 되는 경지 면적이 요구된다는 사실이다. 이처럼 인류가 집약 농업을 시작하면서부터 한 지역에 정착하여 촌락을 형성하게 되었고 식량의 보관을 위해 토기(土器)를 만들게 되었으며 사회도 이전에 비해 훨씬 더 복잡해졌다.

집약 농업은 그 형태상 수전농과 전작농(田作農)으로 나뉜다.

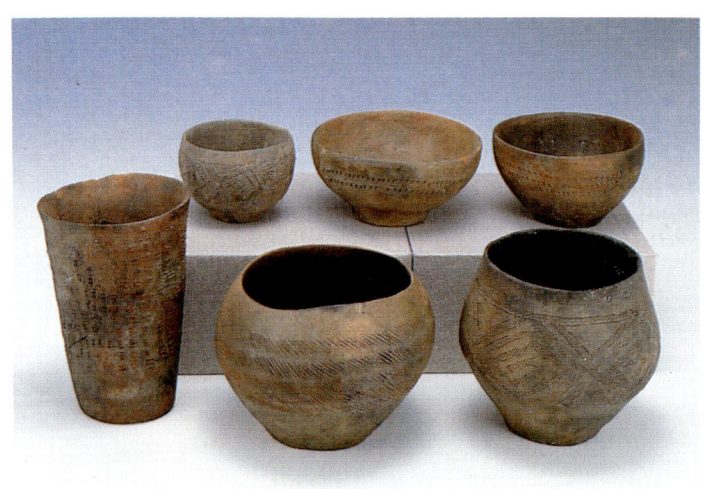

신석기시대 토기 집약 농업을 시작하면서부터 촌락을 형성하게 되었고 식량의 보관을 위해 토기도 만들게 되었다. 빗살무늬토기. 국립중앙박물관 소장.

수전농이란 곧 쌀을 재배하는 논농사를 말하는데, 이것은 건조 지대의 일부와 열대의 충적토 지대(沖積土地帶;흙이나 모래가 물에 실려 와 쌓인 지대)에서 이루어지며 물에 잠겨서 성장하는 수도 (水稻;물이 항상 있는 논에 심는 벼)를 재배하는 농업이다. 지리상 으로는 인도, 동남아시아, 동아시아 등지에 집중 분포되어 있다. 앞서 말했듯이 수전농에서 가장 중요한 것은 물이다. 따라서 수전농 은 강우량이 비교적 충분한 지역이거나 강물을 적당한 때에 공급할 수 있는 곳에서 많이 재배한다. 이 물이 충분치 않은 곳에서는 수로 (水路)나 저수지와 같은 관개 시설을 만들어 물을 대기도 한다.

논농사는 2모작, 3모작이 가능한 곳도 있지만 대체로는 따로 모판 을 만들고 어느 정도 자란 모를 이식하는 모내기를 하여 농사를 짓는다. 이때는 일정한 기간에 모내기가 행해져야 하기 때문에 한꺼 번에 많은 인구가 동원되어야 한다. 따라서 수전농에는 많은 인구가 모여 있어야 하고 그래서 인구 밀도가 높은 것이 특색이다.

전작농이란 밭에서 하는 농사로 농사에 있어서 인력보다는 가축 의 힘을 보다 많이 사용하며, 밀과 보리 등과 같은 곡물을 주로 재배 하는 농업이다. 이러한 전작농 지역은 서남아시아의 일부에서 유럽 일대에 분포되어 있기 때문에 이를 유라시아 곡물 농업(Eurasian grain farming)이라고도 한다.

전작농은 수전농에 비해서 재배 작물의 차이말고도 농업 인구가 적고, 또 농업 인구보다 많은 비농업 인구를 부양하여야 하기 때문 에 소, 말 등 가축에 대한 의존도가 높다. 또한 전작농이 수전농보다 농기구를 더 발달시킬 조건을 갖고 있다.

한국 농경 문화의 연원

한국 농경의 기원과 발전

15쪽 위, 아래 사진
16쪽 왼쪽 사진

고고학에서는 한국 신석기시대를 전기, 중기, 후기로 구분하고 있다. 이 가운데 한반도에 농경이 출현한 시기를 신석기 후기(기원전 3000년대 전반)에까지 올라가 볼 수 있다. 물론 이때의 농경이 곧 벼농사를 의미한 것은 아니다. 왜냐하면 이 시기 유적지에서 발견된 곡물 가운데는 아직 벼의 흔적이 나타나고 있지 않기 때문이다. 따라서 벼농사에 선행한 농경으로 잡곡의 재배를 생각해 볼 수 있겠다.

이를 입증하는 자료가 황해도의 지탑리(智塔里) 유적지에서 나온 피(稷) 또는 조(粟)로 보이는 탄화립(炭火粒)의 출토이다. 또 이 지탑리에서는 돌쟁기(石犁), 돌낫(石鎌), 보습, 갈돌(磨石)과 같은 농기구가 나왔다는 점에서도 한국 농경의 기원을 시사하는 점이 크다. 또한 평양의 신석기시대 후기 유적지로 판명된 남경(南京) 유적지에서도 탄화된 조 12점과 전석이 출토되어, 한반도의 서북부 지방에서는 늦어도 신석기 후기에 농경이 시작되었음을 증명한다.

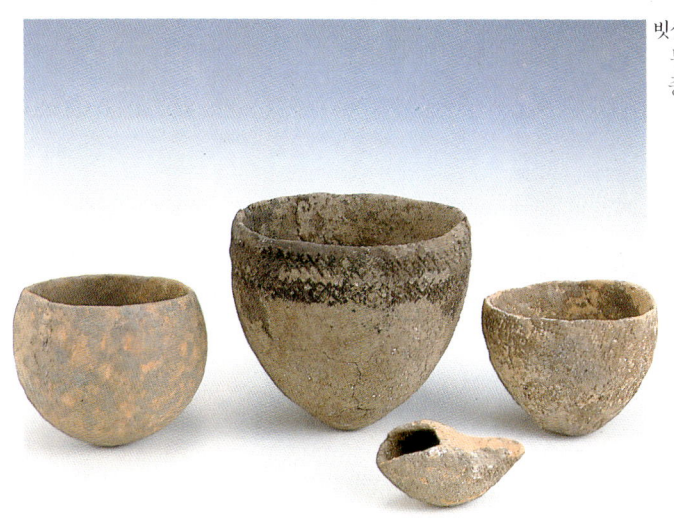

빗살무늬토기 신석기시대.
부산 동삼동 출토. 국립
중앙박물관 소장.

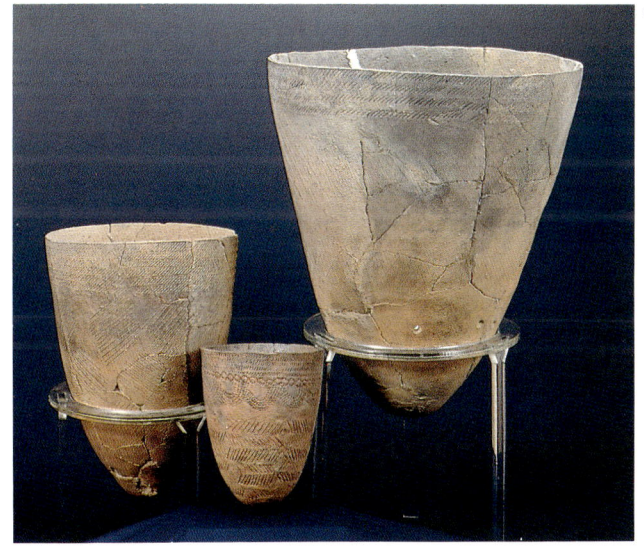

빗살무늬토기 신석기시대.
서울 암사동 출토. 국립
중앙박물관 소장.

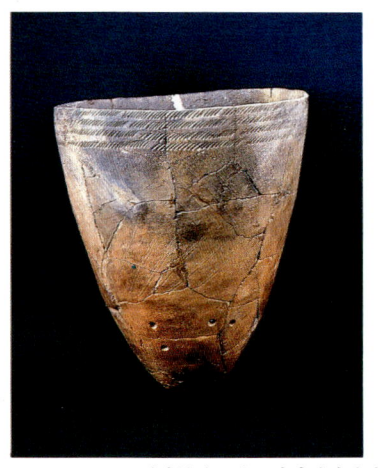
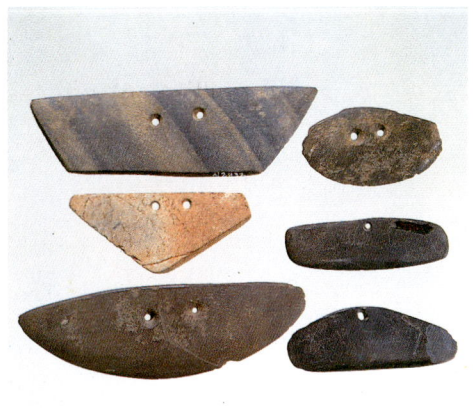

빗살무늬토기　신석기시대에는 벼농사에 선행한 농경이었을 것으로 보인다. 국립중앙
박물관 소장.(왼쪽)
반달돌칼　청동기시대 유적지에서 탄화된 곡물과 함께 출토되고 있어서 이 시대에는
농경 생활이 위주였음을 알 수 있다.(오른쪽)

　　이때의 원시 농경이 어떤 방법이었는지 확실하게 알 수는 없겠지
만 일반적으로 화전 농업이었을 것으로 생각된다. 원시 농업의 경작
물이 흔히 피가 제일 먼저이고 조가 그 다음이며, 이어서 맥류 경작
(麥類耕作) 그리고 도작(稻作)의 순으로 나타났다고 하는 것이 일반
적인 경향이기 때문이다.

　　이처럼 신석기시대 후기에 경작된 곡물은 피 아니면 조, 기장과
같은 곡물류였음에 틀림없겠으나 곡물 재배에 의한 식량의 생산이
란 채집, 어로, 수렵에 의한 식물 취득에 비해 그 비중은 매우 낮았
을 것으로 보인다. 아직 한반도에서 발견된 사례가 극히 적어 이
시기에 원시 농경이 전국에 성행하였다고는 생각하기 어렵다.

17쪽 사진　　그러나 청동기시대(기원전 1000년부터 400년)에 들어오면서
농경의 전국적인 확산과 발달을 보게 된다. 이는 지금까지 출토된
농경 관계 유적지의 현황에서 보아도 분명하다.

표 2. 농경 관계 유적지 현황

시대	유적지
신석기 후기	황해도 봉산 지탑리
	평양 남경 31호
청동기	무산 호곡동 Ⅱ기
	회령 오동
	평양 남경 36호
	송림 석탄리
	여주 흔암리
	양평 양조리
철기	무산 호곡동 Ⅴ기
	춘천 중도
	고성 동외동
	김해 부원동
	김해 회현리
	기타 부여, 경주 등지

　　청동기시대의 문화를 대표하는 유물이 무문토기(無文土器)임은
잘 알려져 있지만, 이들 무문토기가 출토되는 유적지에서 탄화된
곡물이 반월형석도(半月形石刀)와 함께 출토되고 있어 이 시대의　16쪽 오른쪽 사진

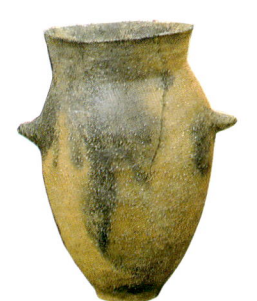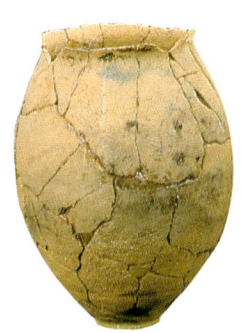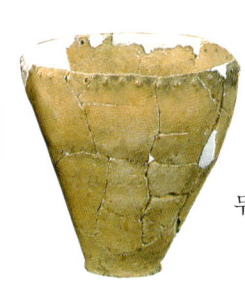

무문토기　청동기
시대. 국립중앙
박물관 소장.

경제 생활이 농경을 위주로 하였음을 알 수 있다. 그리고 일부 제한된 범위이긴 하지만 벼농사의 흔적도 나타나고 있어 주목된다. 물론 이 시기에도 여전히 조, 기장, 수수, 콩 등 밭곡식을 재배하였겠지만 이 시기에 가장 두드러진 특징 가운데 하나가 벼의 재배라는 역사적 사실인 것이다.

가령 경기도 여주군 점동면 흔암리와 충남 부여군 초촌면 송국리의 주거지에서 탄화된 쌀이 나온 점이라든가, 전북 부안군 주산면 소산리와 동진면 반곡리의 유적지에서 석도와 함께 볍씨 자국이 있는 토기가 출토된 점에서 충분히 엿볼 수 있겠다. 다시 말해 우리나라는 신석기 후기에서 청동기시대에 걸쳐 잡곡과 함께 벼농사가 보급되어 갔다.

이러한 청동기시대의 사회를 크게 변동시킨 것이 기원전 4세기 무렵 중국을 통해 들어온 철기 문화의 보급이었다. 이것은 당시의 농경 기술이나 농업 생산력에 크나큰 발전을 가져다 주었다.

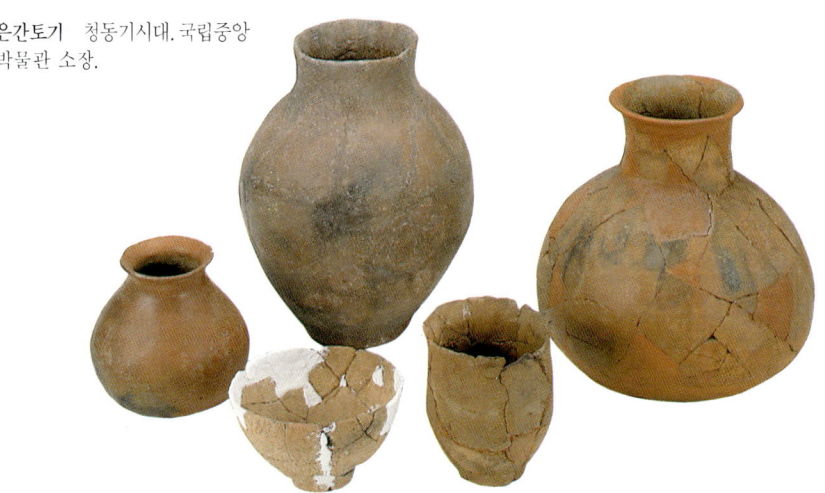

붉은간토기 청동기시대. 국립중앙
  박물관 소장.

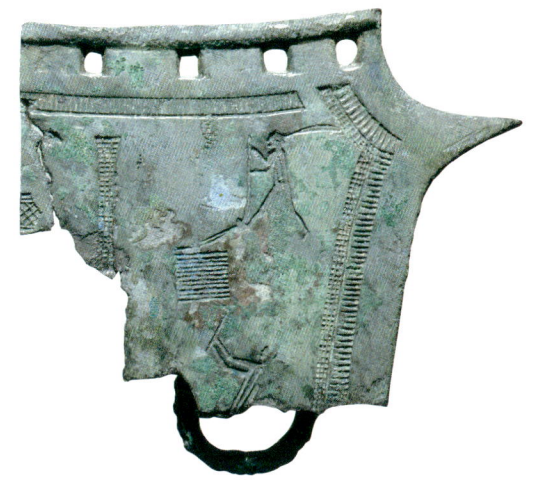

농경문 청동기 청동기시대.
전(傳) 대전 출토. 국립중
앙박물관 소장.

철제 보습(鐵犁)과 같은 무거운 철제 농기구의 출현으로 가축의
힘을 이용하였을 것을 추측해 볼 수 있다. 대전에서 출토된 것으로
알려진 농경문 청동기(農耕紋靑銅器)의 문양에는 오늘날의 따비와
똑같은 모양의 것으로 밭을 가는 사람과 괭이를 치켜 들고 있는
사람의 모습이 새겨져 있어 이미 당시에는 누경(耨耕)의 단계로
들어갔음을 알 수 있다. 또한 철제 낫(鐵鎌)은 반월형석도에 비해
여러 포기를 한꺼번에 벨 수 있어 훨씬 많은 곡물 수확을 하였다.

이처럼 철기 문화에 동반된 철제 농기구의 보급은 농업 생산력의   20쪽 위 사진
발전을 가져다 주었고, 이는 당시의 부족 공동체 사회를 해체시켜
고대 왕국 설립의 기반을 이루게 한 하나의 원인이 되었다.

그 뒤 역사 시대에 들어와 고대 국가 체제의 성립과 함께 농기   20쪽 아래 사진
구, 농경법의 발전을 가져와 오늘날에 이른 것으로 보인다.

청동기와 철기 농기구
국립중앙박물관 소
장.

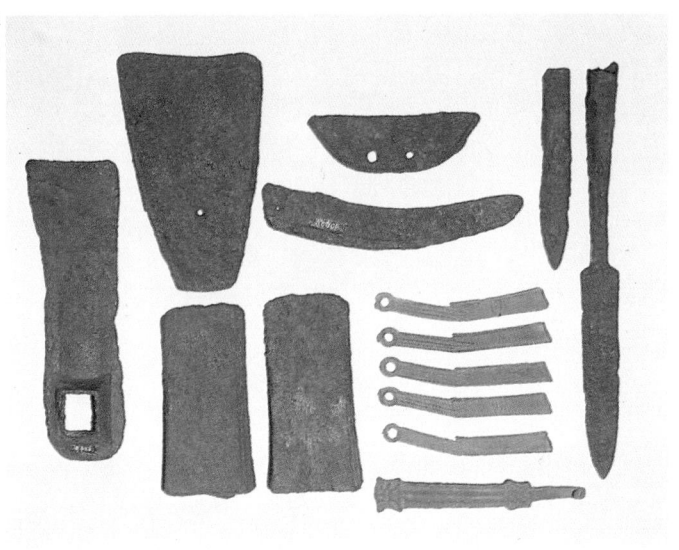

불탄 좁쌀 원삼국시
대. 춘천 중도 출토.
국립중앙박물관 소
장.

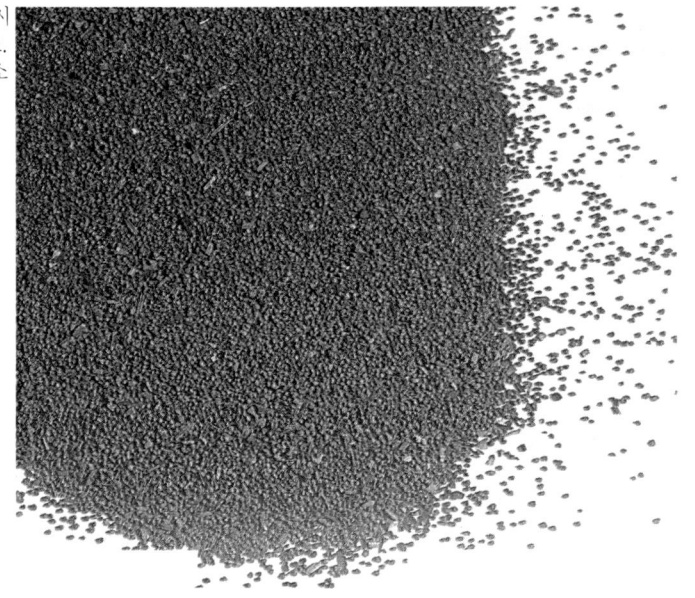

농경 문화의 한반도 전래

전작 농경이 도작 농경보다 일찍 신석기 후기에 시작되었음은 이미 앞에서 살펴보았다.

통설에 의하면 도작 역시 신석기시대 후기에 대체로 중국의 도작 농경이 한반도에 전래되었다고 한다. 다만 중국의 도작 농경이 어느 경로로 한반도에 들어왔는지에 대해서는 세 가지 설로 나뉜다.

첫째, 북방 전래설이다. 이는 중국의 화남 또는 화중 지방에서 시작된 도작 농경이 북상하여 요동 지방→북한→남한→일본(구주 지방)으로 전래되었다고 하는 주장이다. 그리고 도작 농경은 중국이 기원전 3000 내지 4000년경의 앙소촌 유적과 기원전 600 내지 700년경의 절강성 하모역촌 유적이 가장 이른 것이고, 일본에서는 판부(板付) 유전 유적(有田遺蹟)이 대체로 기원전 300년 전후이므로 한국은 늦어도 기원전 700년경에는 시작되었으리라고 본다.

둘째, 남방 전래설이다. 중국 화남 지방의 농경이 해로(海路)로 한반도 서남 해안에 들어왔다고 하는 것이다. 한편 도작 농경의 근원을 화남에서 뿐만 아니라 동남아시아에서 구하기도 한다.

셋째, 위 둘의 주장을 절충한 것으로 도작 농경이 중국의 화북 지방의 육로(陸路)를 통해서 또는 화남 지방의 해로로 들어왔을 가능성을 동시에 인정하는 설이다.

한국 도작 농경의 유래에 대해서는 고고학상의 자료가 더 많이 출토되지 않는 한 현 단계로서는 한국 도작 농경의 단일 유래설을 주장하기는 어려울 것 같다. 또한 지금까지 한국에서의 쌀 출토지를 보더라도 주로 이남 지방으로 제한되어 있어 도작 농경은 주로 한반도의 남부 지방에서 성행했을 듯하다(표3 참조). 다만 지리적 조건상 한반도의 북부보다는 남부 지방이 도작 농경에 더 적합하였을 것으로 보인다.

표 3. 한국 주요 고대 쌀 관계 자료 출토지

번호	출토지명	출토 내용	쌀의 종류	시기	참고 문헌	비고
1	경기도 여주군 점동면 흔암리	탄화미	단립형 (短粒型)	무문토기	서울대학교 박물관「흔암리 주거지 4」고고인류학총간 제8책, 1978.	주거지
2	충남 부여 초촌면 송국리	〃	〃	〃	국립박물관「송국리 Ⅰ」 국립박물관 고적조사보고 제11집, 1981.	〃
3	경남 진양군 대평면 대평리	인흔 (籾痕)	〃	〃	안춘배 '남강 상류의 선사문화 연구'「백산학보」제23호, 1977.	지석묘, 주거지
4	경북 경산군 고산면 성동	〃	〃	〃	영남대학교 지표조사 1981.7.(양도영 씨 제공)	무문토기의 밑부분
5	경남 산청군 단성면 강루리	〃	〃	〃	안춘배「산청 강루리 유적」 제5회 한국고고학전국대회 발표요지, 1981.11.7.	지석묘 무문토기 밑부분 토추(土錘)
6	강원 춘천시 호반동	탄화미	〃	〃	부산일보 1981.11.4. 일자	지석묘
7	경남 김해시 부원 2동	〃	〃	초기 철기	동아대학교 박물관「김해 부원동 유적」1981.6.	패총, 무문토기 산재지
8	경남 김해시 회현동	〃	〃	〃	조선총독부「대정9년, 대정 11년도 고적조사보고」 1923, 1924.	패총
9	경남 고성군 고성읍 동외동	〃	〃	〃	동아대학교 박물관 1973년 조사, 보고서 미간	〃
10	부산 영도구 동삼동 영도	인흔	〃	〃	국립중앙박물관「조도패총」 국립중앙박물관 고적조사보고 제9책, 1976.	〃
11	경남 김해시 봉황동	탄화미	〃	〃	필자 현지 답사시 채집 1981.12.23.	〃
12	전북 부안군 동진면 반곡리	인흔	〃	〃	전영래「전북 유적조사보고」 제4집, 1975.	김해식 토기 산재지

13	전북 부안군 주산면 소산리	인흔	단립형 (短粒型)	초기 철기	전영래 「전북 유적조사보고」 제4집, 1975.	김해식 토기 산재지
14	경기도 수원시 서둔동 산1번지	〃	〃	〃	숭전대학교 박물관 보관 (임병태 관장 교시) 1979.	주거지
15	경북 경주시 은령총	인곡 (籾穀)		삼국시대	上田雄範 「慶州ひ 於ける 壺杆塚, 銀鈴塚の發掘」 「古代學」 제2권 2호, 1953.	고분
16	경북 경주시 식리총	탄화인	?	〃	梅原末治 「慶州 銀鈴塚, 飾履塚 發掘 調査報告」 大正 13년 古蹟 調査報告 第1冊, 1924.	〃
17	경북 경주시 제16호 고분	〃	단립형	〃	「慶州16號古墳および 路西里 25番地 所在古墳の發掘調査」 1933.	〃
18	경북 경주시 제98호 고분	〃	〃	〃	문화재관리국 「경주 황남동 제98호 고분 발굴조사약보」 1975.	〃
19	경북 경주시 미추왕릉지구 A호 2묘곽	도립 (稻粒)	〃	〃	문화재관리국 「경주지구 고분 발굴조사보고」 경주사적관리 사무소, 1975.	〃
20	경북 경주시 미추왕릉지구 A호 1, 3묘곽	화립 (禾粒)	〃	〃	〃	〃
21	경북 경주시 C지구 4호	도립 (稻粒)	〃	〃	〃	〃
22	경북 경주시 A지구 3호 1묘곽		〃	〃	〃	〃
23	충남 부여군 부여읍 부소산성	탄화미	〃	〃	直良信夫 「日本古代農耕發達史」 1956.	군창지(軍倉地)
24	경북 남산성	〃	〃	〃	佐藤敏也 「乾芝山城 蹟出土の 炭化米粒」 「百濟研究」 第8輯, 1977.	성터
25	건지산성 (乾芝山城)	〃	〃	〃	〃	〃
26	※ 경북 고령군 지산동	인흔	미상	미상	미발표 (양도영 씨 제공)	지표

선사시대의 농기구

선사시대 농경의 존재 여부를 살피기 위해서는 무엇보다도 농기구에 대한 고찰이 필요한 것 같다. 왜냐하면 선사시대의 농경에 대한 확실한 증거는 인류가 농사를 짓기 위하여 만들어 사용한 농기구에서 찾을 수 있는데, 이것은 농기구의 출현이 곧 농경의 시작을 의미하는 것이 되기 때문이다.

아울러 여기서 농기구라 함은 농사와 직접 관계되는 연장으로서 땅을 파고 갈거나 흙을 뒤집는 데 쓰이는 갈이용 농기구, 곡물을 수확하거나 잡초를 베는 데 사용하는 농기구, 곡식을 가공하여 먹을 수 있게 만드는 조리용 연장 등을 통틀어 말한다. 또한 전체 농기구를 분류하는 방법도 이러한 용도에 따르는 것이 일반적인 현상이다.

그러나 이들 돌이나 뼈로 만든 용구들은 그 형태만으로는 정확한 용도를 추정하기 어려운 점이 있다. 오히려 어느 하나의 용도만으로 쓰였다기보다는 여러 용도로 쓰였을 것 같다. 그러나 지금까지 출토된 유물의 종류가 제한되어 있어 그 이름도 지금 부르고 있는 것을 그대로 사용할 수밖에 없다.

갈이용 농기구

보습

밭을 갈아 흙덩이를 일으키는 데 사용되었다고 추정되는 석기로서 신의 바닥 모양이나 버드나무잎 모양(柳葉形)이 많고 길이는 대개 30 내지 65센티미터이다. 그러나 이것이 어떤 방법으로 쓰였는지는 정확히 알 수 없다. 돌쟁기라고도 하는데 흔히 쟁기라면 소에 매어 땅을 가는 데 사용한 것을 의미하지만 당시는 아직 축력을 이용한 단계가 아니므로 이것은 손을 사용하여 쓰던 쟁기임에 틀림없을 것이다. 중국에서는 '뇌사(耒耜)'라고 불러왔는데 '뇌'란 수경(手耕) 쟁기의 자루를 일컫는 말이고 '사'는 그 끝에 부착시킨 보습을 말한다.

표 4. 선사시대 보습 출토지

시대	유적지
신석기시대	봉산 지탑리 2지구
	암사동 4호 주거지
	웅기 서포항 Ⅱ기
청동기시대	영변 세죽리
	여주 곤암리
초기 철기시대	부안 구지리

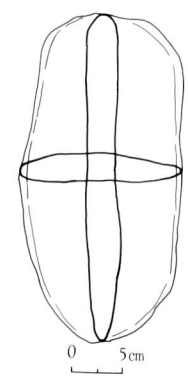
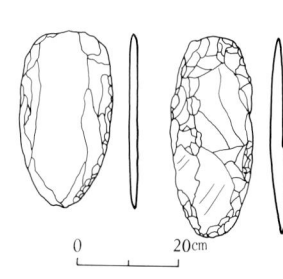

보습 암사동 4호 출토(위쪽), 지탑리 2지구 출토. (가운데, 오른쪽)

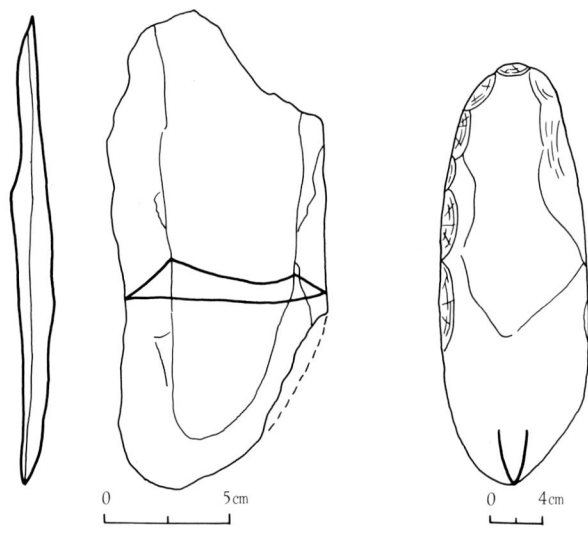

보습 구지리 출토(왼쪽, 가운데), 서포항 3기 출토.(오른쪽)

괭이

　땅을 가는 데 또는 뒤집는 데도 이용되었을 괭이는 그 재료가 뼈와 돌의 두 종류이다. 물론 자루는 나무였을 것으로 짐작이 가지만 이미 썩어 그 흔적은 찾기 어렵다.

　뿔괭이는 사슴뿔의 뾰족한 끝을 그대로 사용한 것과 사슴뿔을 잘라 줄기로 된 굵고 긴 것을 자루로 하고 뿔그루 쪽에서 잘라진 작은 가지를 손질하여 사용한 것이 있다고 한다.

　돌괭이는 비교적 단단한 것을 사용하여 만들었으며 타제(打製)의 것이 많고 어깨가 날 부분에 비해 좁은 형태의 갈이용 농기구로서 길이는 13 내지 20센티미터 정도이고 보습에 비해 작다. 돌괭이는 농사말고도 주거지 등의 땅을 파는 데도 이용되었을 것이다.

표 5. 괭이 출토지

시대	출토지	비고
신석기시대	궁산 패총	뿔괭이
	웅기 서포항	〃
	오산리, 서포항 Ⅰ, Ⅱ	돌괭이
	암사동, 궁산	〃
	동삼동, 금탄리 Ⅰ 문화층	〃
청동기시대	서포항	뿔괭이
	송림 석탄리	돌괭이
	평양 입석리	〃

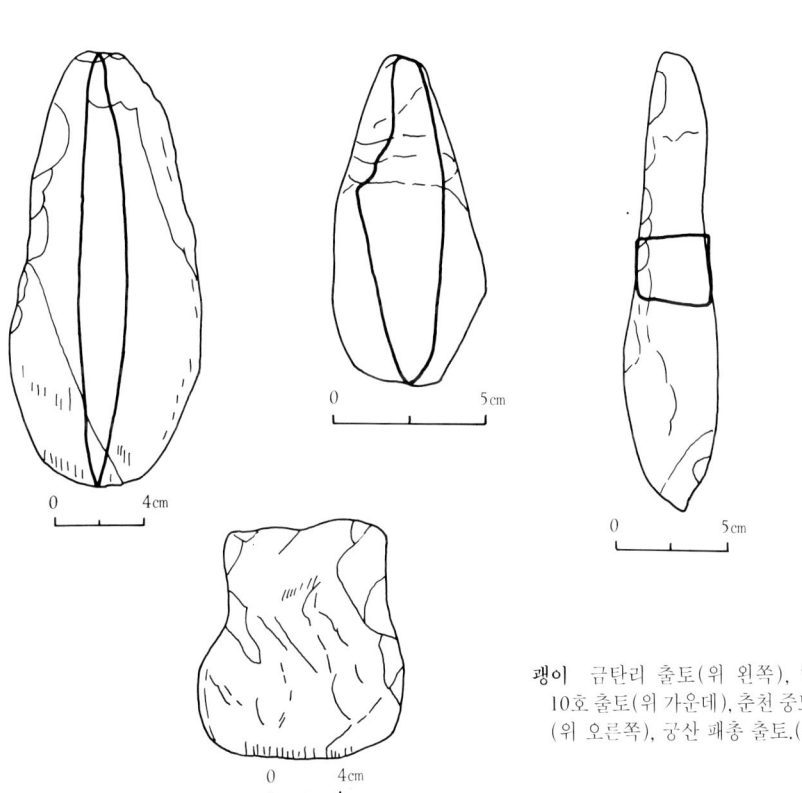

괭이 금탄리 출토(위 왼쪽), 암사동 10호 출토(위 가운데), 춘천 중도 출토 (위 오른쪽), 궁산 패총 출토.(왼쪽)

곰배괭이

이것은 돌괭이와는 달리 어깨가 매우 뚜렷하고 날이 없는 것이
특징이다.

길이는 14 내지 24센티미터 정도의 중간 크기이며 날부가 넓은
것은 어깨폭의 두 배가 넘는 것도 있다. 이 곰배괭이는 날폭이 없고
석질(石質)이 물러 땅을 파는 데에는 부적합하고 괭이와 같이 출토
되는 유적도 많아 괭이 이외에 호미로도 쓰인 것으로 보인다.

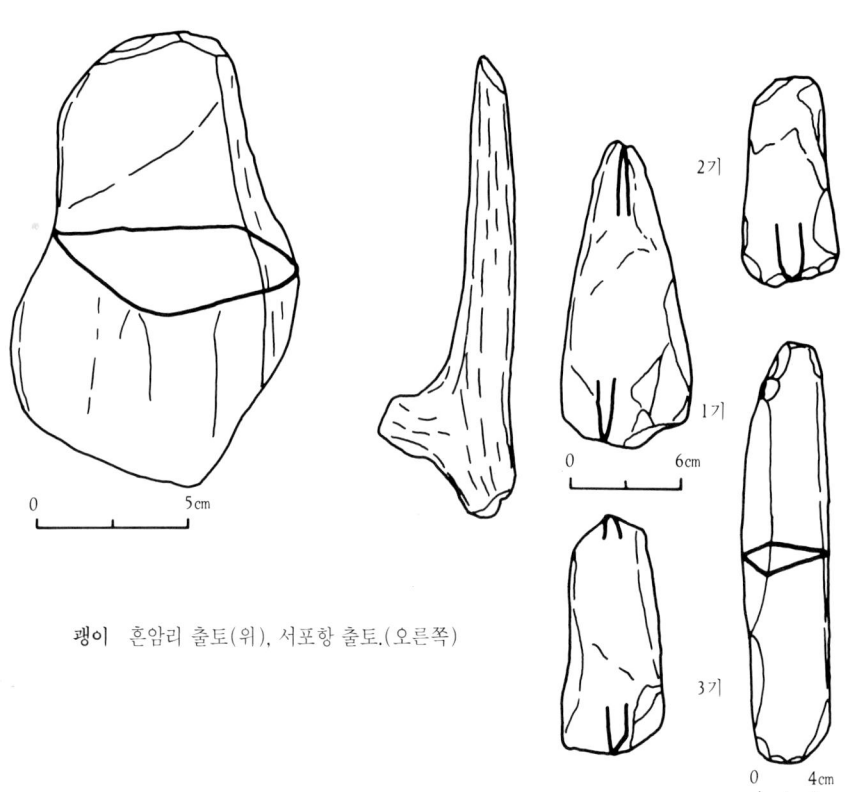

괭이   흔암리 출토(위), 서포항 출토.(오른쪽)

곰배팽이 오동 출토(왼쪽 위), 호곡동 출토.(왼쪽 아래, 오른쪽)

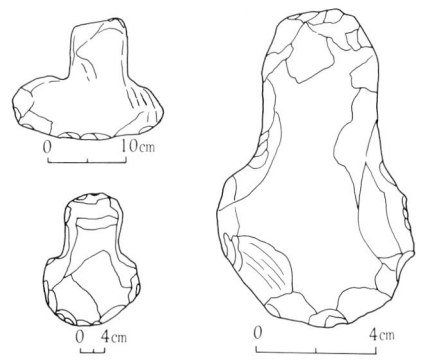

표 6. 곰배팽이 출토지

시대	출토지
신석기 후기	서포항 Ⅳ기, 호곡동 1기
	봉의 연태봉, 청진 노포동
	토성리(압록강 중상류) 2호 주거지
	동삼동
	상노대도 4문화층
청동기	무산 호곡동, 회령 5동
	나진, 도동, 광암동
	중덕리, 초당리

　이상의 것을 요약하면, 보습에 의한 갈이 농사가 이미 신석기 중기에 존재하였고, 팽이가 소규모의 원시 농경에 사용되었던 것 같으며 곰배팽이는 신석기 후기에서부터 나타나 일부 지역에서는 청동기시대까지 일부 잔존하였으나 보습은 신석기 이후에는 거의 소멸되었다고 할 수 있다. 그리고 청동기시대에는 이미 농경이 정착 되었고 '농경문 청동기'에서 따비로 밭을 갈고 있는 모습이라든가, 우리나라에서 벼농사 문화가 전래된 것으로 보이는 일본에서 가 래, 삽 등의 목제 농기구(木製農器具)가 나온 점 등을 미루어볼 때 청동기시대에는 목제 농기구가 널리 존재하였던 것으로 유추해 볼 수 있겠다.

수확용 농기구

낫

곡물을 수확할 때 직접 사용한 돌로 만든 것과 뼈로 만든 것 등
두 종류가 출토되었다.

우리나라에서는 신석기 중기에서부터 출토되어 청동기시대까지
쓰인 것으로 보인다. 그러나 청동기시대의 반월형석도에 비해 출토
유적과 수량이 현저히 적고 또한 낫이 출토되는 유적지에서도 반월
형석도가 나오고 있어 낫은 수확용 연장으로서 별로 이용되지 않은
것 같다.

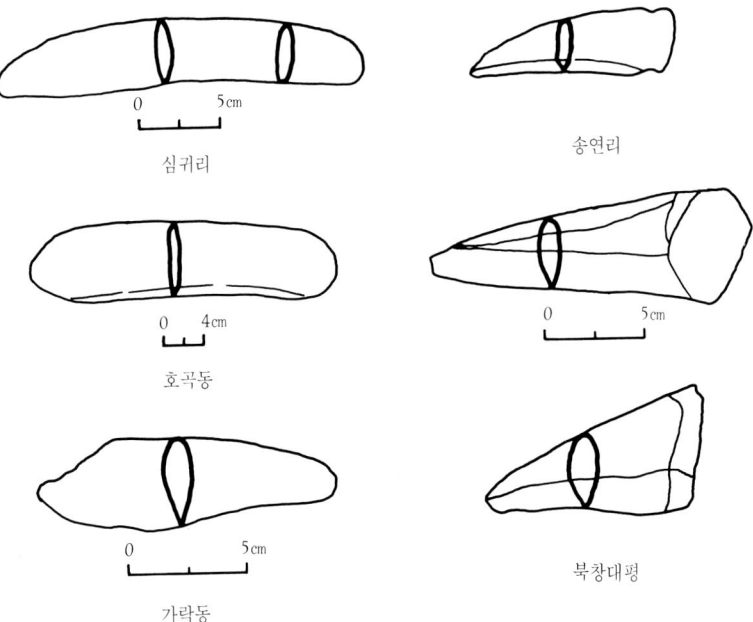

심귀리

송연리

호곡동

북창대평

가락동

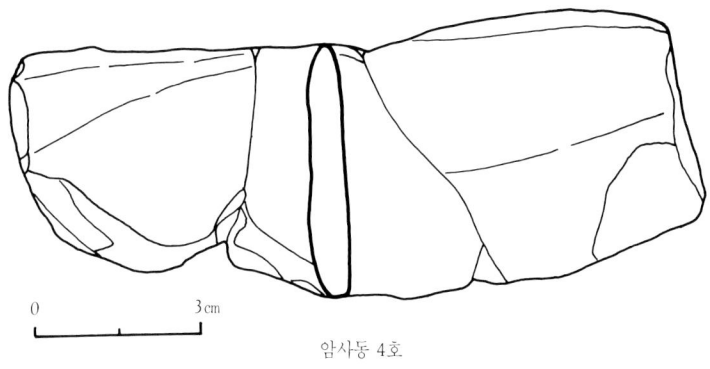

0   3 cm

암사동 4호

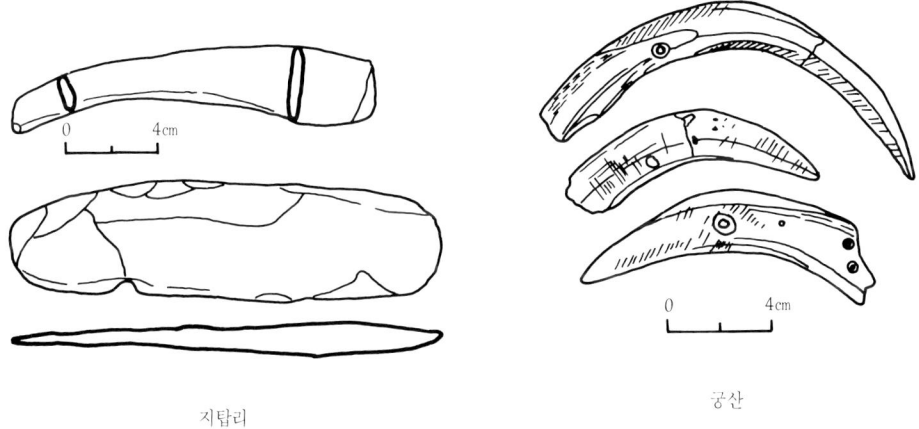

0   4 cm

지탑리

0   4 cm

궁산

낫 우리나라에서 출토되는 낫은 청동기시대의 반월형석도에 비해 출토 유적과 수량이
현저히 적고, 낫이 출토되는 유적지에서도 반월형석도가 나오고 있어 수확용 연장으
로서는 별로 이용되지 않은 것 같다.

반월형석도

이것은 동아시아에 널리 퍼져 있는 수확용 연장으로서 곡물의
이삭을 따는 데 쓰인 적수 석도(摘穗石刀)이다.

반월형이란 말은 우리나라에서 출토된 것이 대부분 반달 모양이
기 때문이다. 우리나라에서는 신석기 후기부터 청동기시대에 걸쳐
사용되었다. 이러한 반월형석도는 처음에는 잡곡 농사와 관련된
농기구였다가 벼농사에 사용되기는 청동기 후기부터라고 한다.

반월형석도 조현리 출토.

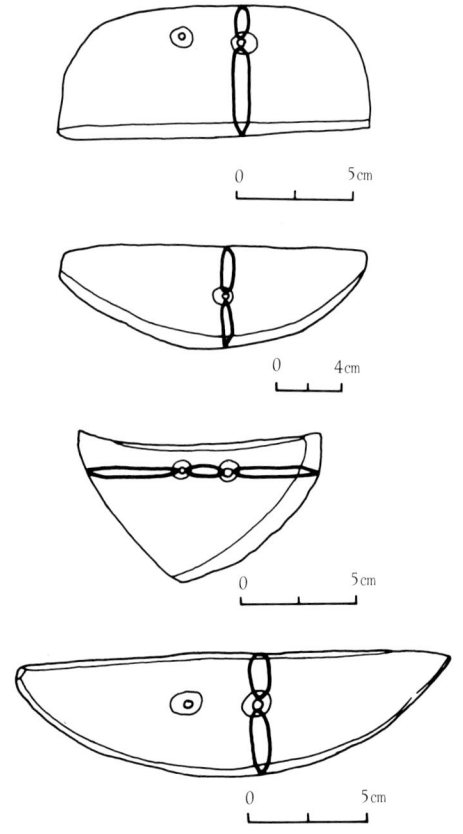

조리용 농기구

갈돌(碾石)

갈돌은 야생 식물이나 곡물 등을 가는 데 사용한 기구이다. 갈돌은 밑에 놓인 갈판과 갈판 위에 음식을 갈아 미는 데 사용한 갈돌(碾石棒)로 구성된다.

갈판은 여러 번 사용하여 가운데 부분이 오목하게 들어간 모양을 하고 있는 것이 많다. 이는 그 형태 및 기능으로 보아 맷돌의 원시형으로 생각된다.

근동 지방에서는 밀이나 보리의 파쇄용으로 쓰였는데, 몽고 지방에서는 만육용(挽肉用)으로도 사용되었다고 한다.

갈돌이 처음 사용된 시기는 신석기 중기부터라고 한다. 그러다가 신석기 후기에 이르러서는 한반도의 전지역에서 출토되고 있어 갈돌의 사용이 매우 일반화된 것으로 볼 수 있다. 한편 청동기시대에도 계속 사용되었으나 이 시기부터 차츰 출토 사례가 적어진 것으로 보아 점차 사용이 줄어들다가 초기 철기시대에는 소멸된 것으로 보인다.

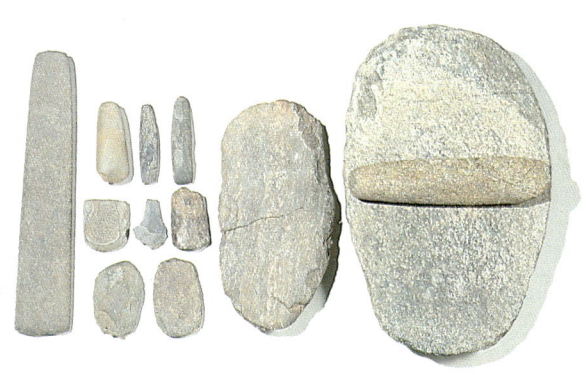

간석기 신석기시대의 간 도끼와 갈돌이다. 국립중앙박물관 소장.

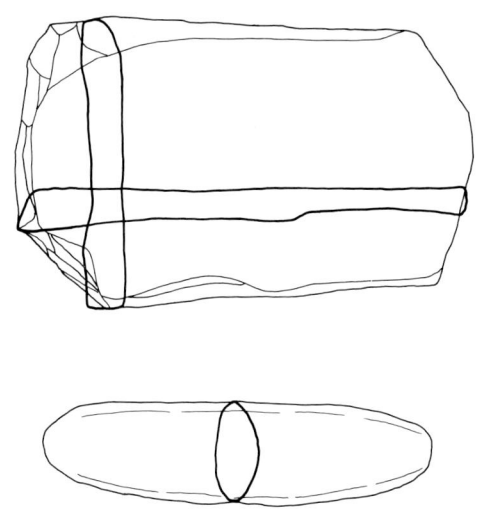

갈판과 갈돌 장천리 2호
주거지 출토.

고석(敲石)

고석은 신석기시대부터 보이고 있으나 특히 청동기 후기에는
출토 사례가 증가하고 있다.

고석은 오늘날의 확돌로 보고 있다. 그러나 고석이 반드시 곡물만
을 빻는 것은 아니고 견과류(堅果類)나 조개 같은 것도 캐는 데
사용한 것으로도 보이므로 고석은 조리 기구말고도 여러 가지 용도
로 쓰였을 것이라 한다.

시루

35쪽 위, 아래 사진   시루는 청동기시대부터 출토되고 있으나 본격적으로 사용되기는
초기 철기시대부터이다. 이 시기에는 한반도 전지역에서 출토되고
있어 시루의 사용이 일반화되었을 것으로 짐작된다.

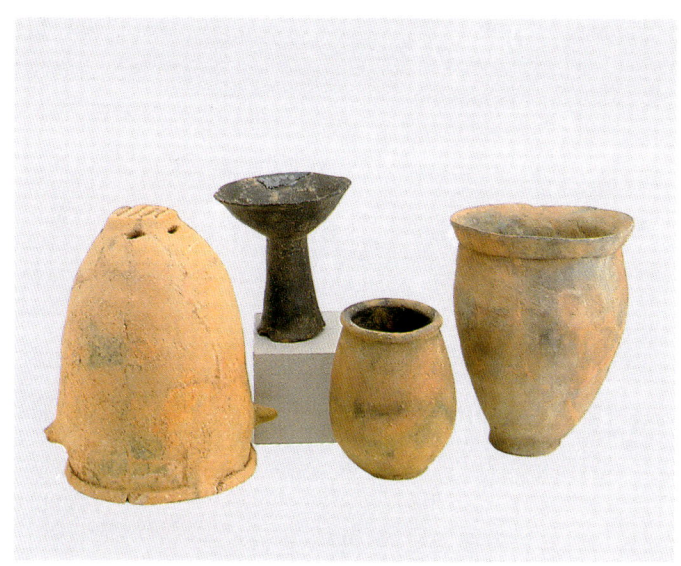

초기 철기 문화 토기
왼쪽의 토기가 시
루이다. 국립중앙박
물관 소장.

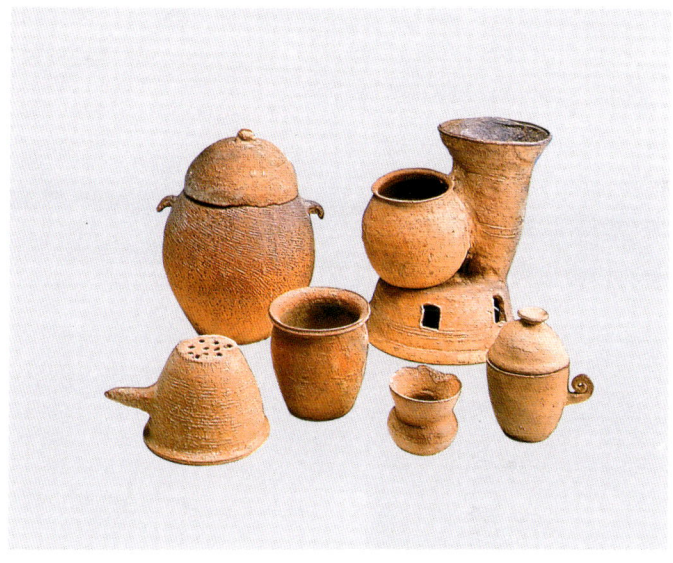

가야 토기 왼쪽 아래
외뿔 손잡이 토기가
시루이다. 국립중앙
박물관 소장.

선사시대 농기구의 의의

농경 문화가 한국인에게 끼친 영향은 결코 가볍게 여길 수 없는 일이다. 왜냐하면 농경의 시작은 곧 정착 생활을 형성하게 되었고, 자연 취락(聚落)의 성립과 인구의 증가를 가져왔기 때문이다. 농경을 통해 땅을 이용함으로써 대지에 대한 새로운 인식 곧 대지가 농사의 풍요를 좌우한다고 하는 지모신 신앙(地母神信仰)을 발생시켰다. 그것은 농경 민족이 보편적으로 갖는 신앙으로 이 지모에 대한 신앙은 당시 한국 고대의 농경 의례를 발달시켰다. 가령 고구려의 동맹, 부여의 영고, 동예의 무천 그리고 삼한의 춘추제 등은 모두 고대 한국인들이 지녔던 농경 의례로 이들 의례가 모두 농사의 시작과 수확에 관련되는 1월, 5월, 10월에 치제(治祭)되었던 사실에서 농사가 당시 사람들에게 미친 영향을 미루어 짐작할 수 있겠다.

사실 선사시대의 농기구는 처음에는 하나의 연모가 여러 용도로 쓰였다. 그러다가 차츰 농기구가 전문화되어 하나의 농기구가 생산 용구로 사용되었는데, 크게 갈이용 농기구, 수확용 농기구, 조리용 농기구로 나눈다. 그런데 여기서 조리용 농기구라는 것은 정확히 말해서 농사에 직접 사용되는 연장이 아니라는 점에서 농기구로서의 기능보다는 생산된 농작물의 가공 연장이라고 이해된다. 그렇다면 한국 선사시대의 농기구는 갈이용과 수확용 농기구로 대별된다고 할 수 있다. 또한 이러한 두 종류의 농기구는 역사 시대에 들어와서도 그 기능의 차이가 없이 조선 말까지 전해져 왔다.

한국 농기구의 현황

　우리나라는 온대 지방에 속해 있는 반도로서 남북으로는 산맥이 길게 뻗어 남북 사이에는 주로 산악 지대를 남, 서해안에는 평야를 이루고 있다. 해안선은 굴곡이 심하고 한류와 난류가 교차되어 어종(魚種)이 풍부하여 선사시대에는 어로(漁撈)와 수렵(狩獵)이 생업의 기본이었다. 역사 시대로 들어가면서 농업 경제로 바뀌었고 그 전통은 금세기 전반기까지 유지되었다.

　한민족의 생업은 예부터 농경이 주축을 이루고 있고 '농자천하지대본(農者天下之大本)'이라는 국책적 표어까지 등장하였다. 농경 작업에는 필수적으로 연장이 수반되는데 그것이 농기구이다. 농기구는 한국의 농업 기술 발달을 반영하고 생태 환경과도 밀접한 연관성을 지닌다. 또 지역에 따른 농기구의 형태가 차이가 나고 농경법의 변화, 발전에 따른 농기구의 형태 변화가 나타난다.

　조선시대의 농기구는 인력과 축력에 의해 사용되는 것이 대부분이었다. 그런데 동력 기계인 경운기가 1960년대 후반에 출현함으로 논밭을 가는 연장이나 운반하는 연장이 줄어들었고, 양수기가 등장함에 따라 두레, 용두레, 무자위, 홈통 같은 연장이 사라졌다. 이처럼 급변하는 현실 속에서 옛날의 농경 생활은 그대로 찾아볼 수도 없고 다만 당시에 쓰여진 것들로서 지금까지 남아 있는 농기구와 농서(農書)를 통해서 그 내용을 알아볼 수밖에 없다.

농기구의 형태와 기능은 농기구가 가진 연장으로서의 특징이다. 그러나 이 자체만으로는 물질적인 면에 국한한 것이므로 문화의 규범적, 관념적, 이념적 측면은 이해할 수 없다. 물질 문화로서의 농기구가 문화의 다른 측면과 어떤 관계 속에서 사용되는지를 분석해야 한다. 곧 농기구와 관련된 독특한 관행을 통하여 농기구의 문화적 의미를 파악하는 것이 중요하다.

앞으로 농기구의 조사, 연구는 다음과 같은 내용을 고려하여 이루어져야 하겠다.

첫째, 농기구의 명칭이다. 이름(명칭)은 표준말이 있고 각 지방에 따라서 주민들이 일컫는 말(folk term)이 있을 수 있다. 또 하나의

「해동농서」에 실린 풍선과 풍석

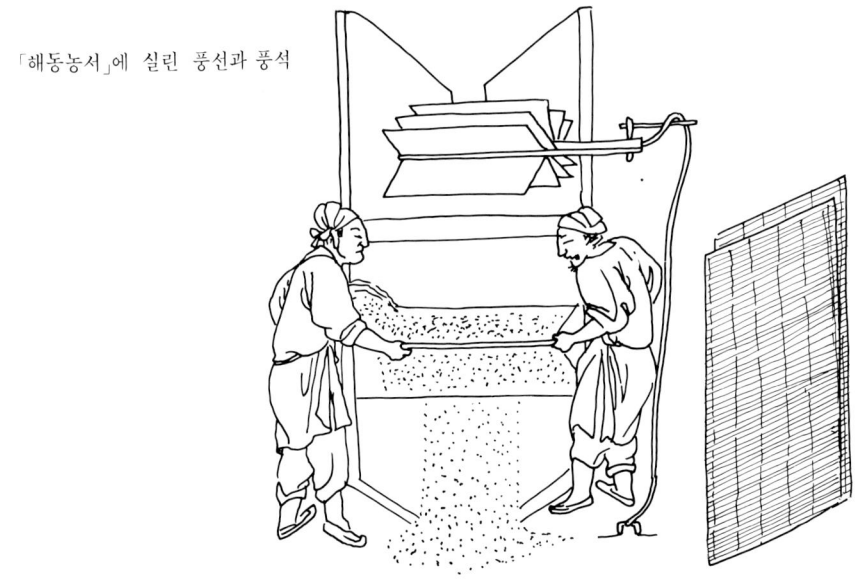

연장에 여러 이름이 있을 수 있다. 이러한 명칭의 지역 차이, 그 의미와 유래를 조사해야 한다.

둘째, 농기구의 제작 과정에 대한 기술(記述)이다. 누가 어떻게 만들었으며 얼마나 시간이 걸려서 만들었는가? 또 그것을 만들 때에 어떤 연장을 썼는가를 조사해야 한다.

셋째, 농기구를 제작할 때 경우에 따라서 일정한 금기(禁忌)나 의례(儀禮)가 있게 되는데 이것에 대한 조사나 분석도 중요하다.

넷째, 농기구의 재료이다. 재료도 단순히 무엇으로 만드느냐보다도 어떻게 처리하느냐 하는 처리 과정이 중요하다.

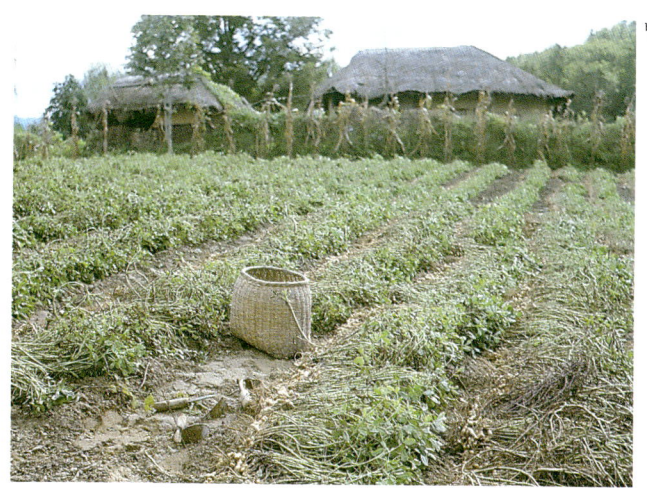

밭에서 쓰는 호미, 바구니

다섯째, 각 농기구가 논밭에서 어떻게 사용되느냐 하는 것이다. 곧 현장에서 사용되는 농기구의 쓰임새를 자세하게 조사 기록해야 한다.

여섯째, 농기구의 형태이다. 아마 농기구를 조사할 때 가장 쉽게 알 수 있는 것은 외형일 것이다. 형태를 알려면 실측을 하고 사진 촬영과 스케치를 해야 한다.

일곱째, 농기구의 유래와 변천이다. 농기구와 관련된 유래와 변천 과정을 연구해야 한다. 농기구가 사용되고 있는 지역의 역사와 문화, 다른 지역과의 문화 교류 관계, 기술의 변천, 사회 구조까지도 가능하면 밝히도록 해야 한다.

마지막으로 농기구를 통해서 우리나라의 지역적 문화 양태, 기층 문화인 민속 문화의 성격을 찾아야 한다. 나아가서 외국의 자료들과 비교 연구도 이루어져야 할 것이다.

농기구는 농사를 짓는 데에 쓰이는 연장이지만 단순한 연장으로서의 의의를 벗어나서 우리 민족 문화의 기원을 규명하고, 경제사를 밝히며, 생활사를 엮어 나가고, 지역에 따른 차이를 알아보는 데에 있어서 귀중한 자료를 제공해 줄 수 있는 것이다.

농기구의 종류

농기구는 신석기시대에 농경이 시작되면서부터 청동기시대의 유물, 현대 동력의 힘을 빌린 동력 기계식 농기구에 이르기까지 실로 다양한 종류와 깊은 역사성을 함께 가지고 있다.

농기구는 농작물의 파종, 재배, 수확에서 가공까지의 농경 과정에 쓰이는 연장이다. 1년의 농사는 경칩, 춘분이 있는 음력 2월의 봄갈이부터 시작하여 곡식을 털고 고르는 농사의 마무리가 음력 9월 무렵에 끝난다. 농기구를 그 기능별로 나누어 설명할 수도 있고, 농사를 짓는 과정에 따라 분류를 할 수도 있다.

여기서는 기존의 연구 보고서에서 분류 정리한 내용을 소개함으로써 농기구의 종류에 대한 논의를 하려 한다.

「조선의 재래 농구」(加藤木保·淸水央, 조선총독부 권업모범장, 1924)에서는 경기도 수원 지방을 중심으로 77가지의 농기구를 농사 짓는 과정에 맞추어 14종류로 나누어 설명하였다.

경서 용구(耕鋤用具):쟁기, 쇠스랑, 가래, 광이, 연장

파쇄 용구(耙碎用具):쓰레, 나무쇠스랑, 나레

진압 용구(鎭壓用具):고문데, 공방이

파종 용구(播種用具):잿박, 새갓통

시비 용구(施肥用具):오좀통, 오좀장군, 개동삼태, 잠태기, 거름잠태기

중경제초 용구(中耕除草用具):호미, 칼재매, 후치

관개 용구(灌漑用具):용두레

수확 용구(收穫用具):낫, 전지

조제 용구(調製用具):붓두, 개상, 비, 꾸먹어리, 듸림부채, 채, 키, 품구, 도래방석, 멍석, 도리깨, 그네, 말, 섬, 매방석, 독, 나무메

정곡과 정분 용구(精穀及精粉用具); 절구와 절구공이, 맷돌, 돌절구, 연자매, 방아, 체다리

운반 용구(運搬用具):돌발채, 베걸채, 지게 및 바소거리, 들것채, 온구, 거름지게, 고오지게, 우차

축산 용구(畜産用具):닭의 둥우리, 소귀융, 길마, 착도

농산 제조 용구(農産製造用具); 기름채, 벳틀, 자리틀, 물네, 밥망태, 섬틀, 신틀, 씨야

잡용구(雜用具):이함박, 박아지, 도롱이, 삭갓, 칼키, 함지, 놋가래

「조선총독부 농사시험지 25주년 기념지」(조선총독부, 1931)에서는 농기구를 모두 11종으로 나누어 설명하였다.

경서 용구(耕鋤用具);쟁기, 쇠스랑, 괭이, 가래, 연장, 후치, 나래, 써레, 고무레, 곰방메, 발고무레(나무쇠스랑)

파쇄와 진압 용구(耙碎及鎭壓用具);써레, 번지, 살번지, 매번지

파종과 시비 용구(播種及施肥用具);삼태기, 바구니, 오줌바가지, 바가지, 오줌통, 오줌장군, 씨앗통, 거름삼태기

중경제초 용구(中耕除草用具);호미, 칼재매, 후치

관개 용구(灌漑用具);용두레, 맞두레

조제 용구(調製用具);고무래, 넉가래, 도리깨, 갈퀴, 비, 키, 체, 독, 되림부채, 먹서리, 그네, 섬, 개상, 풍구, 부뚜, 삼태기, 잿박, 멍석, 도래방석

정곡과 정분 용구(精穀及精粉用具);돌절구, 절구, 맷돌, 물방아, 방아, 나무매, 연자매

운반 용구(運搬用具);거지게, 길마, 멍에, 지게 및 바지게, 거름지게, 걸채, 두엄발채, 우차, 달구지

축산 용구(畜産用具);구유, 닭둥우리, 작두

가공 용구(加工用具);섬틀, 밥망태, 자애, 물레, 유단, 도투마리, 베틀, 기름채, 씨아, 신틀

「조선농업보감(朝鮮農業寶鑑, 全)」(高山徹, 京城種苗園, 1931)에서는 농기구를 정지 용구(整地用具), 보호 용구(保護用具), 수납 용구(收納用具), 가공 용구(加工用具), 잡용구(雜用具)로 나누고 있다.

「한국의 농기구」(김광언, 문화재관리국, 1969)에서는 농사를 지어 나가는 과정에 따라 115가지의 농기구를 16종으로 분류하여 설명하였다.

가는 연장;쟁기, 극젱이, 따비, 가래, 괭이, 쇠스랑

삶는 연장;써래, 번지, 나래, 곰방메, 고무래, 발고무래, 끙게

씨뿌리는 연장;다래끼, 종다래끼

거름 주는 연장;오줌장군, 거름통, 똥바가지, 귀때동이, 소매구뎅

이, 삼태기, 개똥삼태기, 소매구시, 새갓통

　매는 연장;호미

　물대는 연장;두레, 맞두레, 용두레, 무자위, 두레박

　거두는 연장;낫, 전지

　터는 연장;개상, 그네, 도리깨, 벼훑이

　말리는 연장;멍석, 도래방석, 발, 거적, 얼루기

　고르는 연장;풍구, 바람개비, 키, 부뚜, 체, 쳇다리

　알곡 및 가루 내는 연장;물레방아, 물방아(통방아), 연자매, 디딜방아, 외다리방아, 매통, 절구, 돌확, 맷돌, 매함지, 매판, 맷방석, 맷돌다리

　운반 연장;길마, 걸채, 발채, 옹구, 거지게, 지게, 쟁기지게, 바소거리, 거름지게, 우차, 망태기, 주루막, 다루깨, 바구니, 광주리, 또아리

　갈무리 연장;섬, 가마니, 중태, 독 및 두트레방석, 채독, 통가리, 밤우리, 나락두지, 멱서리, 멱둥구미, 소쿠리, 뒤웅박

　축산 연장;구유, 소죽바가지, 작두, 손작두, 어리, 둥우리

　농산 제조 연장;베틀, 물레, 씨아, 돌물레, 기름틀, 자리(섬)틀, 가마니틀, 신틀

　기타 연장;갈퀴, 넉가래, 도롱이, 삿갓, 메, 말, 되, 비, 바가지, 살포, 함지, 태, 팡개, 물풀매

　국립민속박물관 '생업실'에 전시된 농기구는 작업 과정 순으로 경작구, 파종구, 관개구, 시비구, 제초구, 수확구, 타작구, 도정구, 제분구 등으로 나누어 전시하고 있다.

　온양민속박물관에서는 농업을 ① 갈기, 심기, 씨뿌리기 ② 김매기, 거두기 ③ 거름주기, 물대기 ④ 알곡털기, 고르기 ⑤ 알곡찧기, 가루빻기 ⑥ 나르기, 갈무리 ⑦ 가마니치기, 자리짜기 ⑧ 가축 사육으로 나누고 그에 따른 연장을 전시하고 있다.

농기구의 형태와 기능, 사용법

농작물 파종을 위한 연장(갈기, 삶기, 씨뿌리기)

씨를 뿌리거나 심기 위해서는 우선 땅을 일구고, 덩어리진 흙을 부수며 바닥을 판판하게 삶아야(논밭의 흙을 써레로 썰고 나래로 골라 노글노글하게 만든다) 한다.

따비 농업박물관 소장.

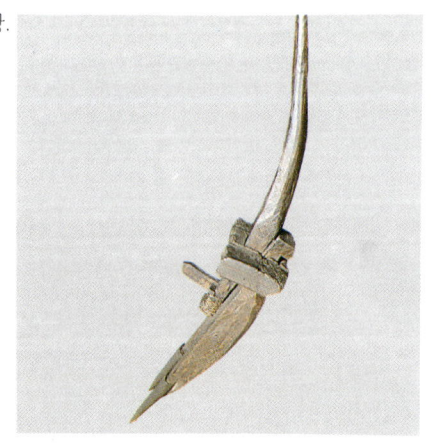

농사에 처음 쓰이는 연장은 괭이, 따비, 극젱이, 쟁기, 가래, 쇠스랑 등이다. 이 가운데 괭이와 따비는 청동기 유물에도 새겨져 있다. 따비는 가장 원시적인 농기구의 하나로 극젱이와 쟁기는 이에서 44쪽 사진 변형 발달한 것이라고 할 수 있다.

극젱이와 쟁기는 논밭을 가는 데 쓰이는 연장으로 쟁기는 깊게, 극젱이는 얕게 가는 데 쓰인다.

쟁기

쟁기의 골격은 술과 성에로 이루어지며 한마루가 이 둘을 단단히 고정시키고 있다. 술 끝에 보습을 끼우고 그 위쪽에 볏을 댔으며 술바닥에는 똥개(술바닥을 보호하고 쟁기가 미끄럽게 하는 쇠판)를 대어 고정시켰다. 술 중간에서 오른쪽으로 비스듬히 손잡이를 끼웠다. 멍에와 물주리막대(전남 고흥에서는 보라고 함)를 연결하는 굵직한 줄을 봇줄이라 하며, 이 물주리막대와 성에 끝을 밧줄로 묶어 연결하기도 하고, 아예 쇠고리를 장치하여 걸기도 한다.

쟁기의 부분 명칭을 알아보면 다음과 같다.

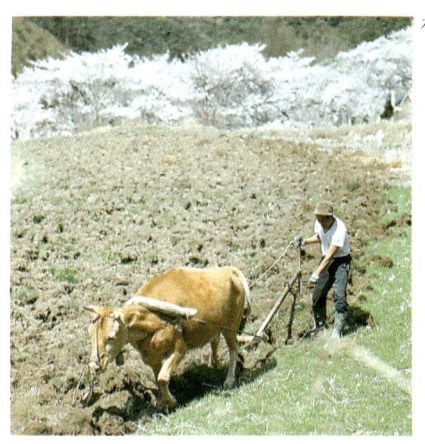

쟁기질 쟁기는 논밭을 가는 데 쓰이는 연장이다.

술 쟁기의 몸체가 된 나무이다. 밑 부분을 우묵하게 하여 끝에는 보습을 끼고 그 위에 볏을 대며, 밑바닥에는 밑쇠(전남 고흥에서는 뽕개라고 함)를 붙였다. 뒤쪽에는 잡젖이 있고 한마루 구멍이 있으며, 오른쪽에 손잡이가 있고 성에는 중간에서 앞쪽을 향하게 되어 있다.

성에 술의 중간 윗부분에서 앞으로 뻗어 나간 나무이다. 술과 연결하여 한마루 구멍이 있고 앞 끝에는 까막머리가 가로 꽂히거나 걸고리가 장치되어 있다.

한마루 성에와 술을 연결하는 나무나 쇠막대이다. 나사로 조였다 풀었다 하게 되어 깊이 갈 수도 있고 얕게 갈 수도 있게 장치되어 있다.

보습 술 끝에 끼우는 쇠로 삽과 비슷하게 생겼다. 이것이 땅을 갈아 흙덩이를 일으킨다.

볏 보습 위쪽에 고정시키는 쇠판이다. 왼쪽으로 뒤틀리어 흙이 왼쪽으로 넘어 떨어지게 되는데 그 흙을 볏밥이라 한다.

잡젖 술 뒤쪽 중앙에 붙어 있는 손잡이로, 보머리를 돌릴 때나 쟁기를 뒤로 물릴 때에 잡고 들게 된다.

물주리막대(보) 멍에로부터 고정된 봇줄을 여기에 고정시켜, 소의 뒷다리가 봇줄에 닿지 않도록 하는 역할을 한다.

봇줄 멍에의 양끝에서 고정시켜 물주리막대에 연결하는 굵은 줄이다.

한태 봇줄이 아래로 처지는 것을 막기 위해 소의 등 위로 걸쳐서 봇줄에 맨 끈이다.

뱃대끈 소의 배 밑으로 해서 양봇줄에 잡아맨 줄로서 봇줄이 위로 올라가는 것을 잡아 준다.

목줄 멍에에서 목 아래로 돌려 맨 줄로서 멍에가 벗어지는 것을 잡아 준다.

멍에　소의 목에 얹는 구부정한 나무로, 짐을 운반하거나 쟁기를 끌 때에 이것에 의해서 힘을 받게 된다.

농부들은 산에 나무하러 다니면서 멍에나 술, 성에 그리고 지게 가지에 마땅한 나무들을 눈여겨 봐 두었다가 농한기인 이른봄에 이들을 캐어 음지에서 건조시킨 뒤에 가을의 한가한 시간을 내서 쟁기나 지게를 맞추게 된다.

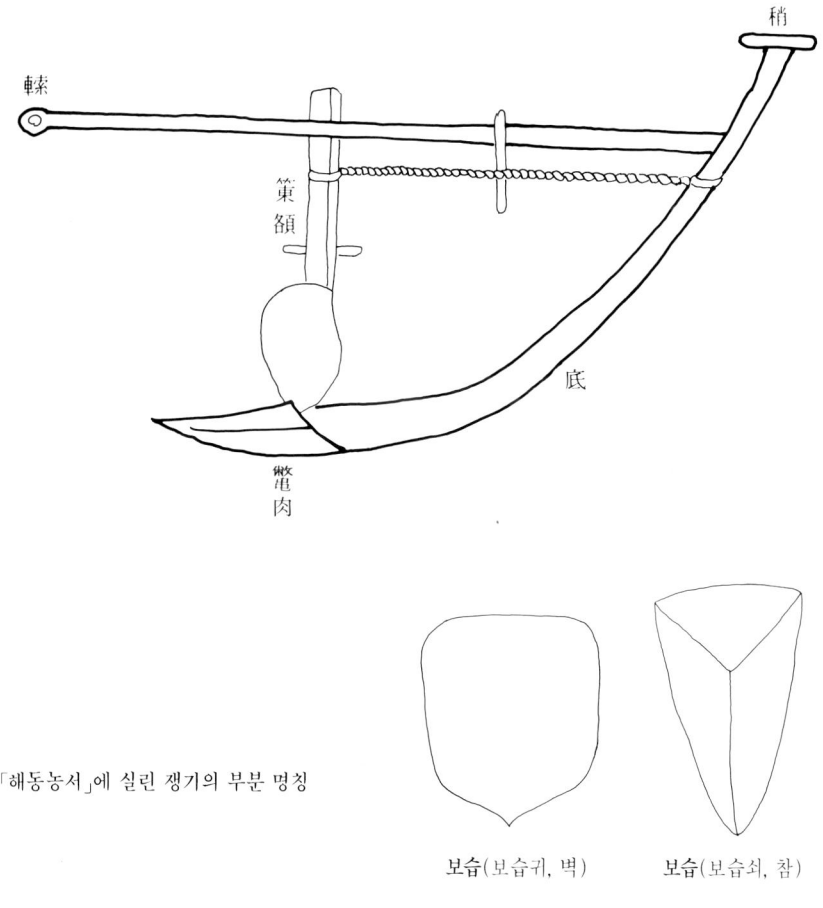

「해동농서」에 실린 쟁기의 부분 명칭

보습(보습귀, 벽)　　　보습(보습쇠, 참)

쟁기에 달린 보습 온양민속박물
관 소장.

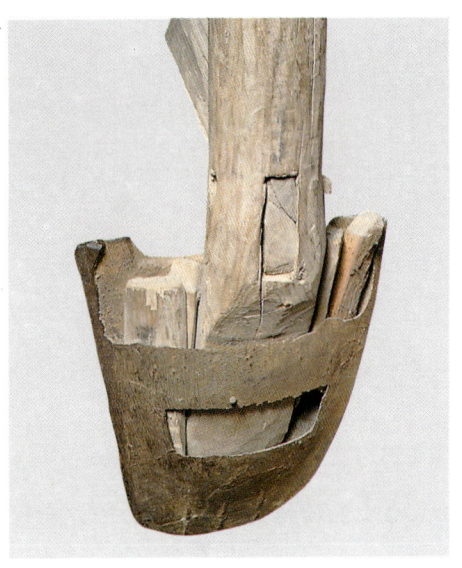

45쪽 사진   이른봄에 논갈이가 시작되면 집집마다 소를 몰고 나와 쟁기질을
하는데 들녘은 온통 소를 모는 소리로 가득하다. 이것이 농촌의
아름다운 음악이요 시이다. 그러나 요즈음은 새마을 사업과 더불어
등장한 경운기(耕耘機, Culitvator) 덕분에 평야 지대에는 이미 쟁기
나 극쟁이가 소용없는 물건이 되었으며, 경운기가 들어가기 곤란한
산골 언덕에서나 사용되고 있는 실정이다.

　　경운기는 보행용 트랙터의 하나로 석유, 기관 등을 동력원으로
하여 농경 작업을 하는 기계로, 경운, 정지, 비배 관리(肥培管理),
수확은 물론 양수기, 분무기 등의 동력원으로 사용되며 짐을 운반하
는 데도 큰 몫을 한다. 또한 경운 작업을 포함하여 쇄토(碎土) 작업
그리고 정지 작업의 동력원으로 이용된다.

　　경운기의 출현은 농촌에 있어서 큰 혁명이 아닐 수 없다. 그러나
한편으로는 전통을 파괴한 주범이기도 하다.

가래

가래는 흙을 파헤치는 기구로 날을 끼운 넓적한 몸에 긴 자루를 50쪽 그림 박고`몸 윗부분의 양쪽에 줄을 매어 한 사람은 자루를 잡고 두 사람이 줄을 잡아 당기어 흙을 파서 던진다. 이는 밭이랑을 일구고 도랑을 치고 논둑을 쌓거나 깎을 때에 쓰인다.

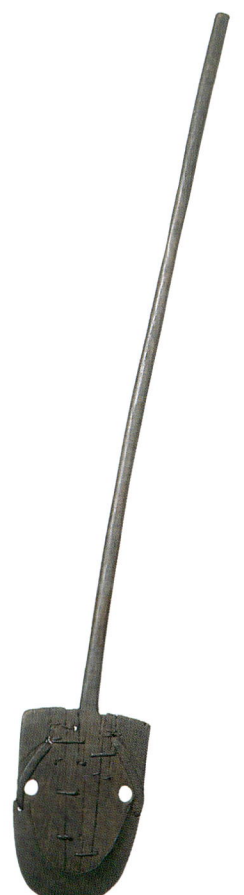

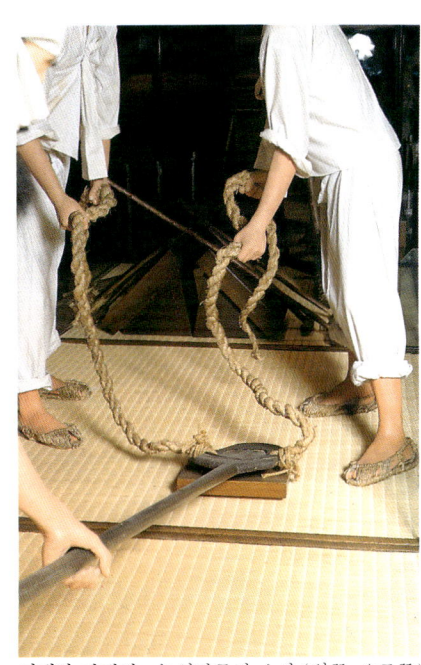

가래와 가래질 농업박물관 소장.(왼쪽, 오른쪽)

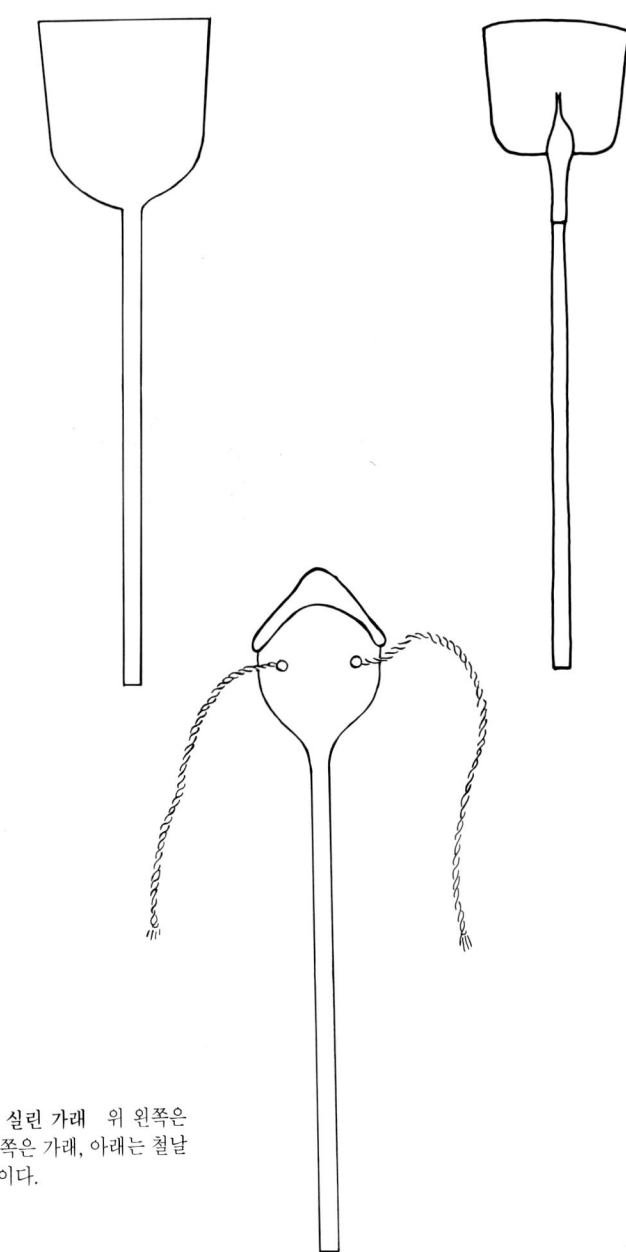

「해동농서」에 실린 가래   위 왼쪽은
넉가래, 오른쪽은 가래, 아래는 철날
가래의 형태이다.

괭이

괭이는 일반적으로 넓적한 쇠 끝이 'ㄱ'자로 구부러져 괴구멍을 이루고 이에 자루를 박은 것이다. 주로 흙을 파고 깨며 골타기, 김매기 등에 쓰고 밭을 일구거나 정지 작업을 할 때에도 사용된다. 가짓잎괭이, 곡괭이, 삽괭이, 왜괭이 등이 있다.

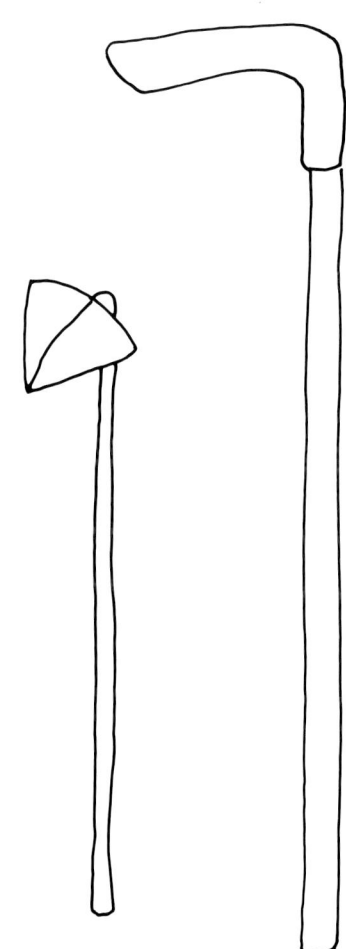

「해동농서」에 소개된 괭이 왼쪽은 가짓잎괭이, 오른쪽은 날이 곧은 괭이이다.

쇠스랑

쇠스랑은 농기구의 하나로 쇠로 갈퀴 모양을 만들고 'ㄱ'자로 구부러진 한 끝에 긴 나무 자루를 박았다. 발은 보통 세 개가 일반적이나 두 개 또는 그 이상의 것도 있다. 논둑을 까고 새로 붙일 때 흙을 긁어 올리는 데에도 쓰이고, 발이 빠지는 논에서도 이것으로 파서 엎고 흙덩이를 깨서 고르기도 한다. 또 밭을 파고 흙덩이를 쳐서 골을 내고 반반하게 고르기도 하며, 씨뿌린 뒤에 이것으로 덮기도 한다. 감자, 고구마, 무 등을 캐기도 하며 두엄을 쳐내는 데에도 쓰이는 등 용도가 다양하다.

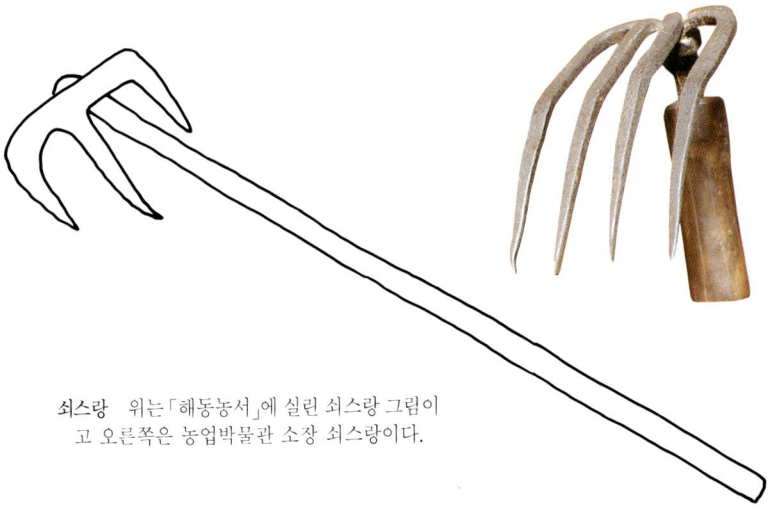

쇠스랑 위는 「해동농서」에 실린 쇠스랑 그림이고 오른쪽은 농업박물관 소장 쇠스랑이다.

가는 연장으로 일구어 놓은 논밭의 흙을 고르고 깨뜨려서 판판하게 삶아야(논밭의 흙을 써레로 썰고 나래로 골라서 노글노글하게 하는 일) 씨를 뿌릴 수 있다. 삶는 연장에는 써레, 번지, 나래, 곰방메, 고무래, 발고무래, 끙게 등이 있다.

써레와 번지, 나래

써레와 번지는 흔히 못자리를 만들기 위해 또는 모내기를 하기 전에 논바닥을 편편하게 고르는 데 사용된다.

마른 써레는 굵은 나무 바탕에 발을 박거나 여러 개의 장목을 연결하고 구멍을 뚫어 발을 박기도 한다. 다른 한편으로 옹이진 나무나 가지가 벌어진 부분을 아래로 향하게 여러 개의 장목을 연결하여 '공이 써레'라 한다. 이것으로 주로 논보리를 갈기 위해 갈아 놓은 흙덩이를 부수는 데 사용한다. 어른이 직접 올라서서 소를 몰거나 어린이를 태우기도 한다. 경우에 따라서는 큰 돌을 얹어서 사용하기도 한다.

54쪽 위 그림, 아래 왼쪽 사진
54쪽 아래 오른쪽 사진

번지는 써레질을 한 뒤에 번지치기라 하여 써레발에 보통 긴 네모 꼴의 널판을 대어서 사용한다.

55쪽 아래 사진

나래는 써레와 비슷한데 논바닥이 높고 낮아서 물이 고루 퍼지지 않는 논바닥을 고르는 데 쓴다.

55쪽 위 사진

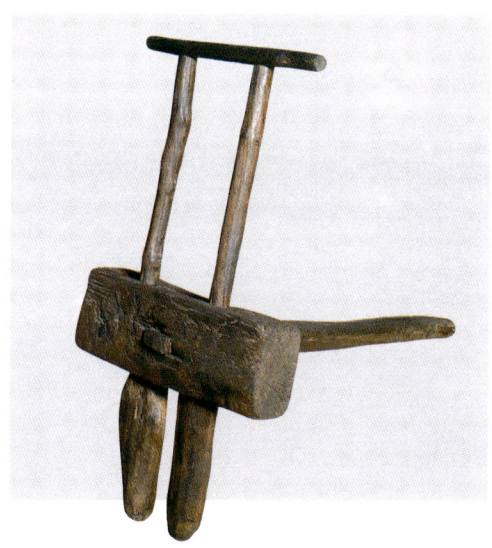

고써레 써레와 번지는 흔히 못자리를 만들기 위해 또는 모내기를 하기 전에 논바닥을 편편하게 고르는 데 사용된다.

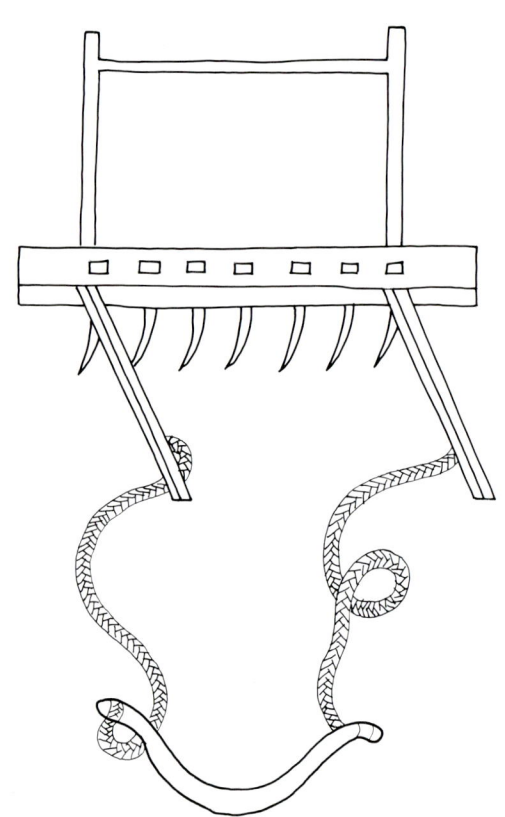

써레 써레는 갈아 놓은 논바닥을 반반
하게 고르거나 흙덩이를 깨는 데
쓰는 연모이다. 위는 「해동농서」에
실린 써레 그림이고 아래 오른쪽은
농업박물관 소장 써레이다.
평상써레 써레를 3개 정도 나란히
붙인 것으로 평상 형태이다. 농업박
물관 소장.(아래 왼쪽)

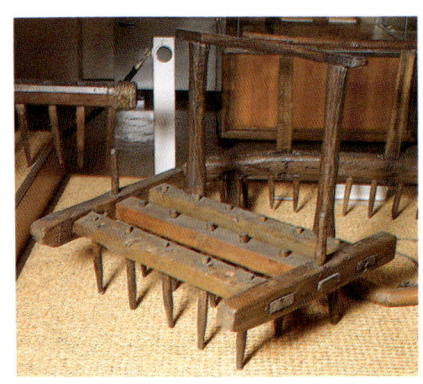

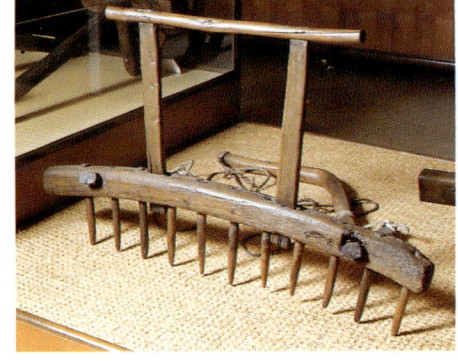

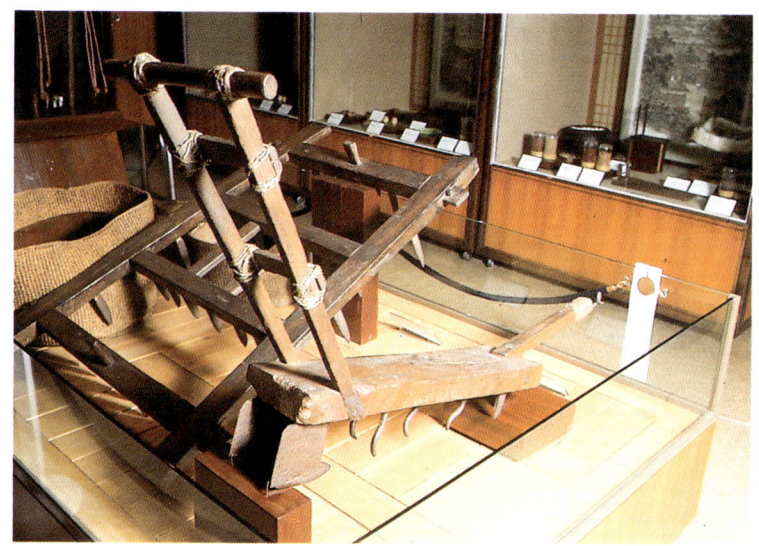

발나래 나무판 아래에 쇠로 만든 날을 붙여서 이것으로 흙덩이를 부수게 된다. 농업박물관 소장.

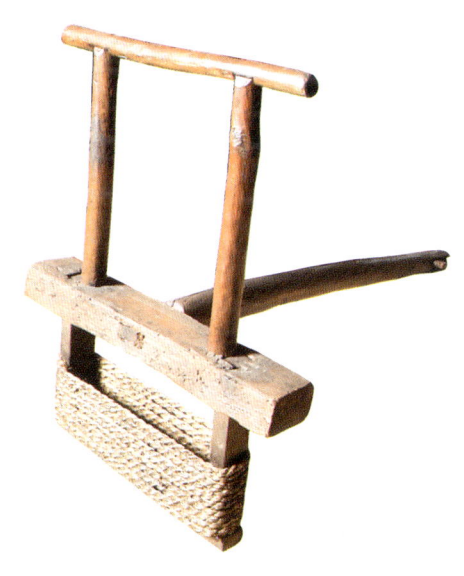

번지 써레질을 한 뒤에 번지치기라 하여 써레발에 보통 긴 네모꼴의 널판을 대어서 사용한다. 농업박물관 소장.

곰방메, 고무래, 끙게

곰방메는 논밭의 흙덩어리를 깨뜨리는 데에 쓰이며, 골을 탄 뒤에 바닥을 고르고 씨뿌린 뒤에 흙을 덮는 데에도 사용한다.

고무래는 곰방메와 같은 용도에 쓰이면서 곡식을 말리거나 너는 데에도 쓰인다.

끙게도 역시 씨뿌리기 전에 흙을 고르고 뿌린 뒤에 흙을 덮는 데 사용된다.

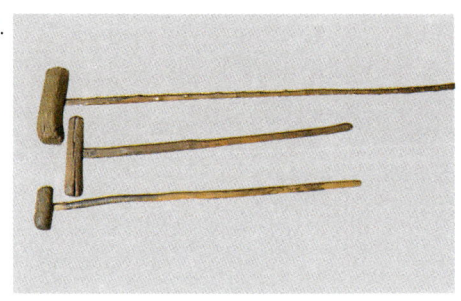

곰방메 농업박물관 소장.

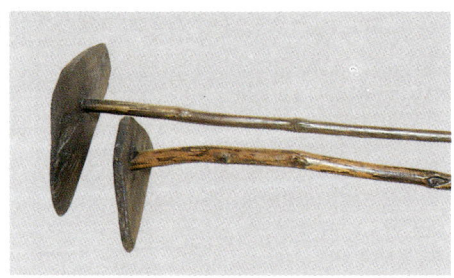

고무래 농업박물관 소장.

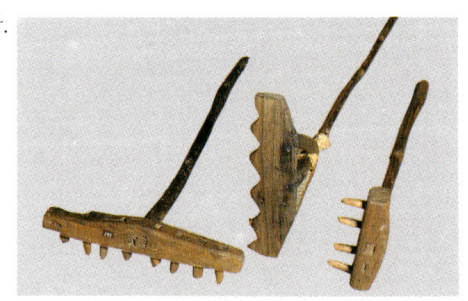

발고무래 농업박물관 소장.

다래끼

봄갈이로 비롯되는 오곡의 씨뿌리기는 고무래로 흙을 고른 다음에 시작하여 모내기가 끝날 때쯤 거의 마무리된다. 씨를 뿌리는 연장은 특이한 다래끼, 종다래끼 등 두세 가지를 제외하고는 씨를 뿌릴 때에 사용되는 것이 따로 없고 소쿠리, 바구니, 뒤웅박, 말, 되, 바가지, 양재기 등 간편하면서도 담을 수 있는 것이면 아무것이나 다 쓰인다. 58쪽 사진
59쪽 사진

다래끼는 짚이나 싸리로 만드는데 밭에 씨뿌릴 때에 여기에 담아서 뿌린다. 그 밖에 나물을 캐거나 고추를 따서 담기도 한다. 60쪽 사진

종다래끼(씨앗 망태)는 콩, 팥, 감자 등을 심을 때 씨를 여기에 담아 뿌린다. 형태가 삼태기와 비슷하나 세모꼴 모양의 멜빵을 달아서 어깨에 엇메도록 되어 있다.

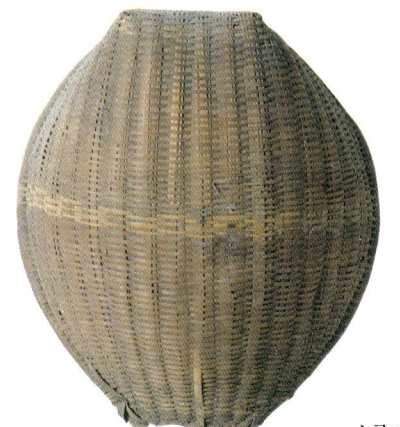

소쿠리 온양민속박물관 소장.

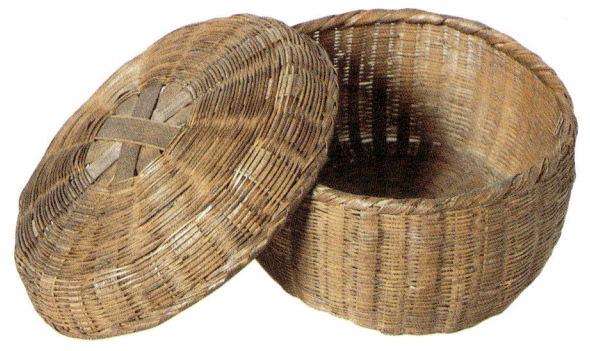

바구니 씨를 뿌리는 연장은 특별히 종다래끼 등을 제외하고는 따로 없고 바구니, 소쿠리 등 여러 용기가 사용된다. 농업박물관 소장.(위, 아래)

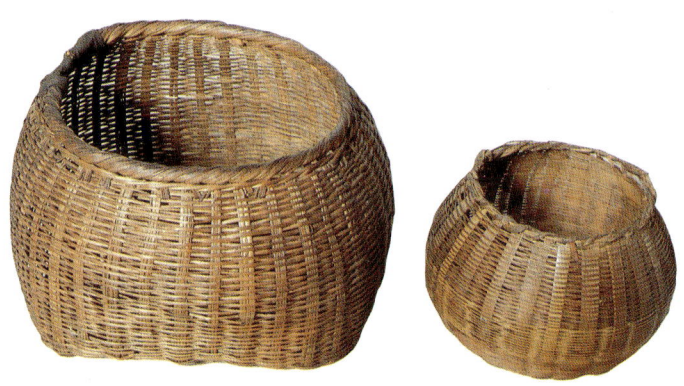

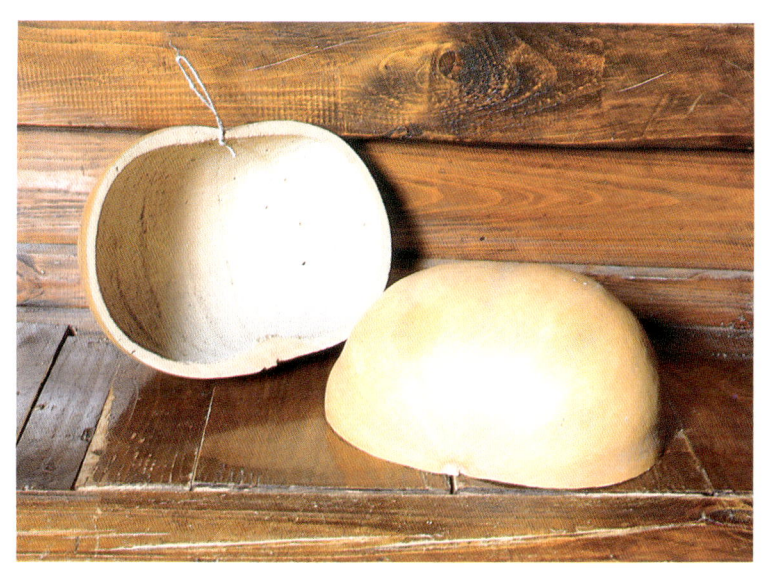

바가지 가을에 잘 여문 박을 따서 반을 갈라 속을 파낸 뒤 껍질을 말려 바가지로 쓴다. 바가지는 물을 푸는 데에도 쓰이지만 씨앗을 담아 파종하는 데에도 쓰인다. 온양민속박물관 소장.

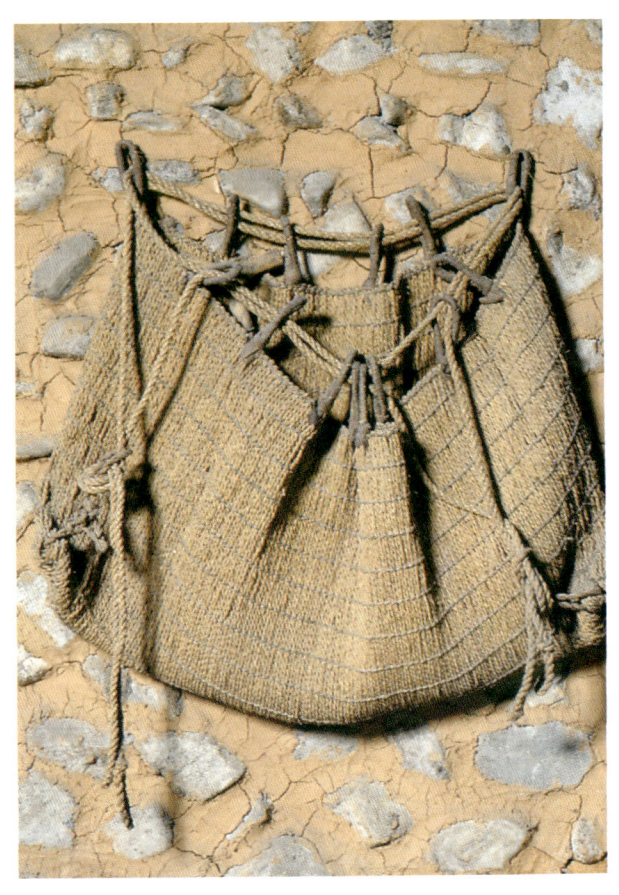

망태 여러 가지 기구를 넣어 걸어 두는 용구이지만 어깨에 걸고 씨를 뿌릴 때 쓰기도
한다. 온양민속박물관 소장.

농작물 성장 관리를 위한 연장
(김매기, 거름주기, 물대기)

김매는 연장

호미는 종자를 심거나 김을 매는 데 쓰이는 중요한 농기구이다.
토질에 따라 날의 너비와 두께가 달라진다. 북으로 갈수록 호미날과
자루가 넓고 길며, 남쪽일수록 날이 가늘고 자루도 짧아진다. 밭매기
는 1년 내내 두루 쓰이고 논매기는 음력 7월 무렵에 세 벌 논매기가
끝나면 '호미씻이'라고 하여 호미를 씻어서 걸어 두고 농부나 일꾼이
중심이 되어 술 마시고 흥겹게 하루를 논다.

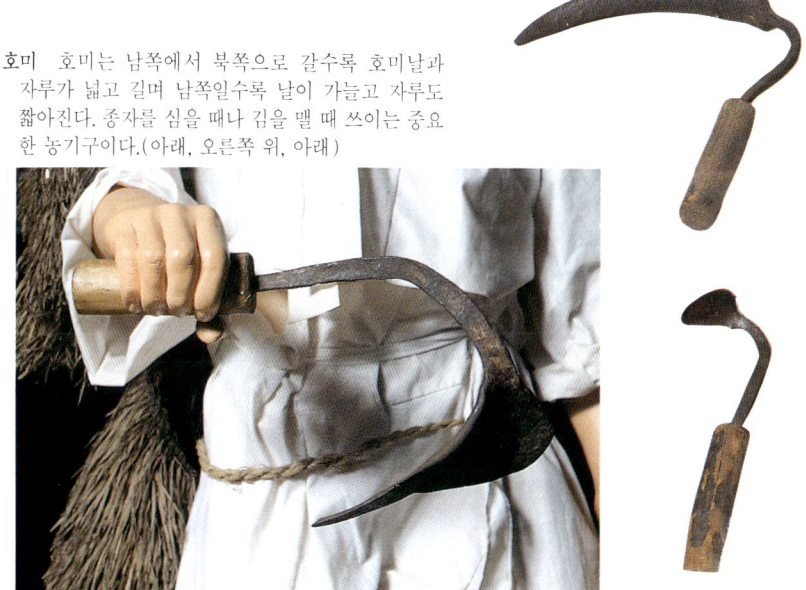

호미 호미는 남쪽에서 북쪽으로 갈수록 호미날과
자루가 넓고 길며 남쪽일수록 날이 가늘고 자루도
짧아진다. 종자를 심을 때나 김을 맬 때 쓰이는 중요
한 농기구이다.(아래, 오른쪽 위, 아래)

거름을 주는 연장

'한 사발의 밥은 남에게 주어도 한 삼태기의 재는 주지 않는다'라는 속담에서 거름의 비중과 그것을 장만하는 데에 얼마나 정성과 노력을 기울였는가를 짐작할 수 있다. 예부터 거름으로 두엄(堆肥)과 사람의 분뇨(糞尿) 그리고 재를 써 왔다. 거름을 나르고 주는 연장도 거름의 종류에 따라 크기와 형태가 달랐다.

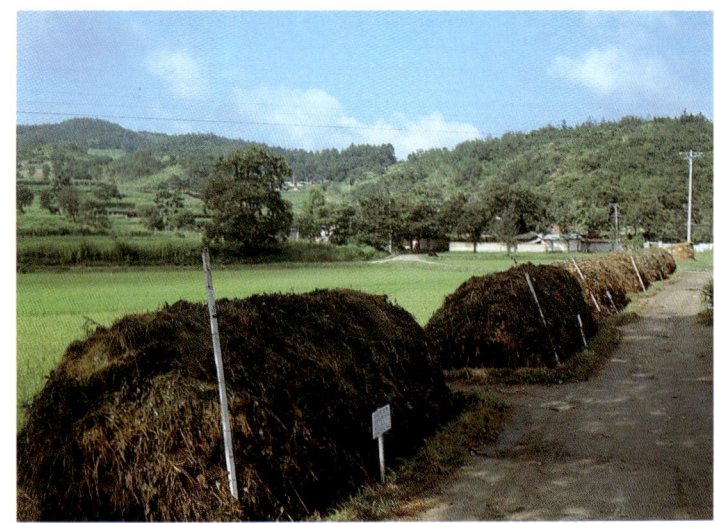

64쪽 사진
65쪽 위, 아래 사진

거름을 주는 연장으로는 오줌장군, 거름통, 소매바가지, 귀때동이, 소매구뎅이, 삼태기, 개똥삼태기, 소매구시, 새갓통 등이 있다. 그 가운데 분뇨를 나르는 통과 오줌장군 등은 예부터 그 형태가 그대로 남아 있는 채 시대에 따라 재료만 달라지는 변화를 보이고 있다. 개똥삼태기는 길에서 개똥, 쇠똥 등 비료가 될 만한 것을 작은 호미로 긁어 모아 여기에 담아 두거나 변소에 넣어서 삭힌다.

거름더미 거름 장만은 많은 정성과 노력을 필요로 한다.

소매구시는 구유와 꼭 같은데 오줌을 받아 두는 곳이다. 농가에서 변소, 잿간 그리고 개똥삼태기, 소매구시에 모인 거름은 오줌장군과 거름통에 담겨져 논밭으로 옮겨진다. 소매바가지, 귀때동이, 삼태기, 새갓통 등은 거름을 담아서 밭에 뿌리는 데에 쓰인다.

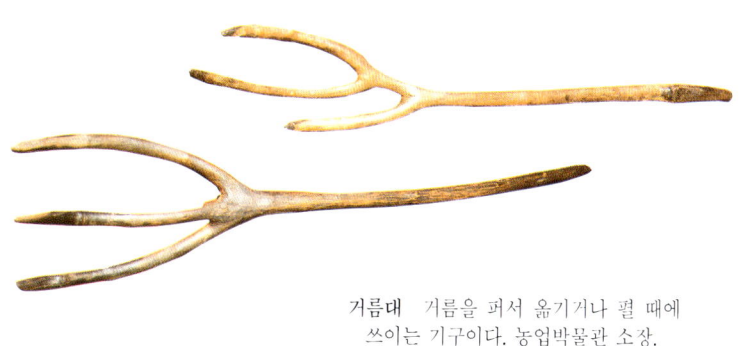

거름대 거름을 퍼서 옮기거나 펼 때에 쓰이는 기구이다. 농업박물관 소장.

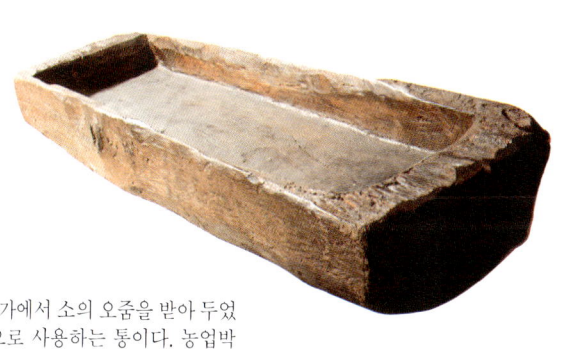

소매구시 농가에서 소의 오줌을 받아 두었다가 거름으로 사용하는 통이다. 농업박물관 소장.

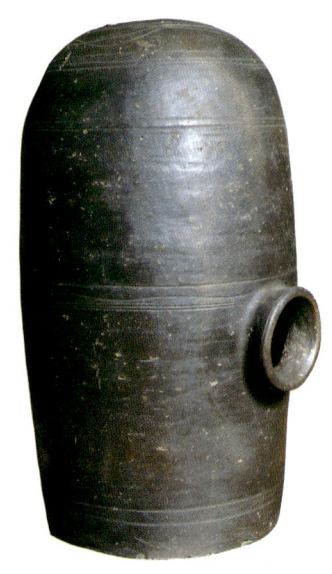

장군 거름을 주는 연장으로 오줌 등을
넣어 지게에 옮겨 농토에 뿌리게 된다.
농업박물관 소장.(위, 아래)

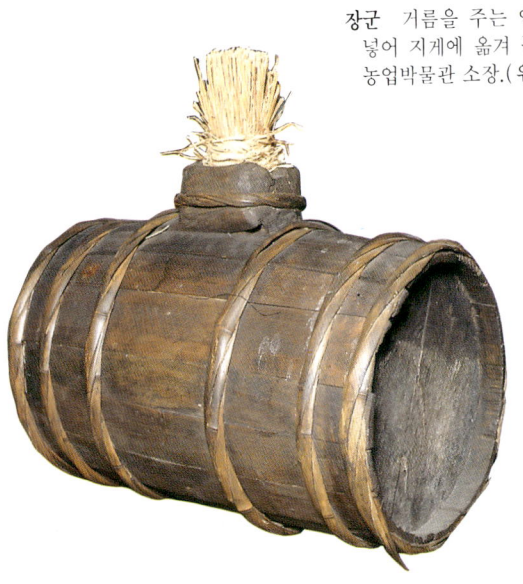

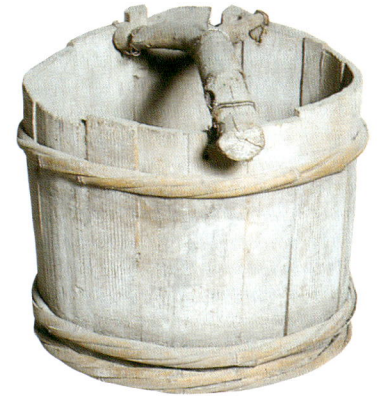

거름통　주로 고체의 거름을 넣어 논밭으로 옮겨지는 데 쓰인다. 온양민속박물관 소장.

삼태기　주로 거름을 담아 논밭에 뿌리는 데에 쓰인다. 농업박물관 소장.

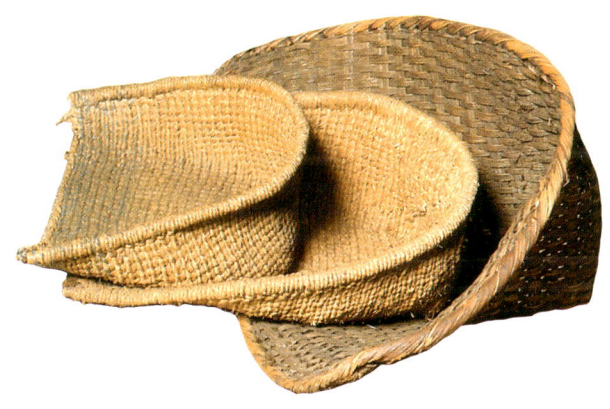

물을 대는 용구

문헌에는 벼농사가 동옥저(東沃沮)에서 처음 시작한 것으로 나타나고 있다. 삼국시대의 벽골제(碧骨堤), 조선시대 중기의 보(洑)와 같은 관개 시설 외에 두레, 맞두레, 두레박, 용두레, 무자위, 홈통 등은 우리나라 지형과 인력에 알맞게 고안된 것으로 물을 대는 연장으로서는 대표적인 것이다. 용두레는 통나무를 배 모양으로 길쭉하게 파서 몸통을 만들고 그 가운데에 양쪽으로 작은 구멍을 뚫어 가는 나무를 끼우고 여기에 끈을 매었다. 용두레는 한 곳에 고인 물을 다른 곳으로 퍼 옮기는 데에 쓰이며 두 곳의 높낮이 차가 심하면 사용할 수 없다.

67쪽 사진

두레는 긴 장대의 한 끝에 두레박을 달고 받침대 위에 올려 놓은 다음, 배의 노질을 하듯이 손으로 조정하여 물을 퍼 올린다. 이 긴 채를 물채라고 하는데 언덕이 많은 산골의 논을 가진 집에서는 필수품이다. 길이에 따라 깊은 웅덩이 물이나 높은 언덕 위의 논에도 물을 댈 수가 있다.

68쪽 아래 사진

무자위(水車)는 전체가 소달구지 바퀴 모양으로 한 개의 축 위에 많은 판을 나선형으로 붙였다.

68쪽 위 사진

홈통은 보통 통나무 속을 완전히 파 내고, 도랑 같은 데에 가로질러서 물을 대는 것이다.

홈통

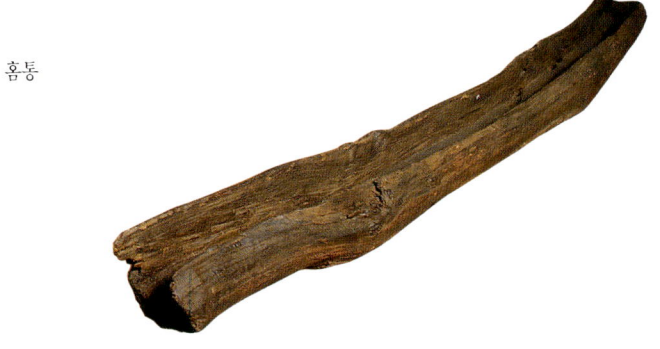

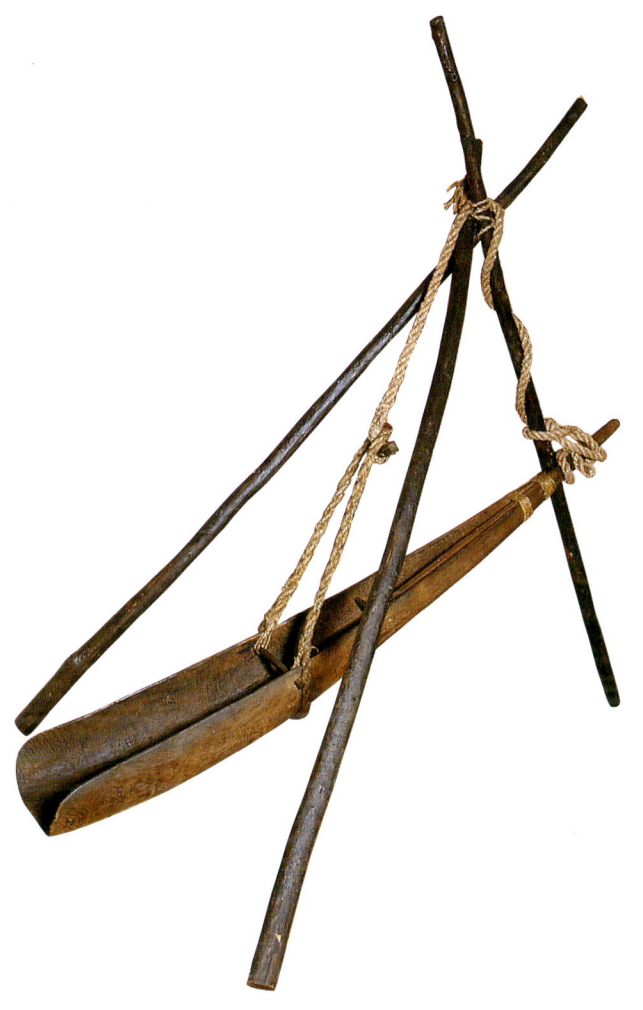

용두레 통나무를 배 모양으로 길쭉하게 파서 몸통을 만들고 그 가운데에 양쪽으로 작은 구멍을 뚫어 가는 나무를 끼우고 끈을 맨 것이다. 한 곳에 고인 물을 다른 곳으로 퍼 옮기는 데에 쓰인다. 농업박물관 소장.

무자위 전체가 소달구지 바퀴 모양으로 한 개의 축 위에 많은 판을 나선형으로 붙인 것이다. 농업박물관 소장.

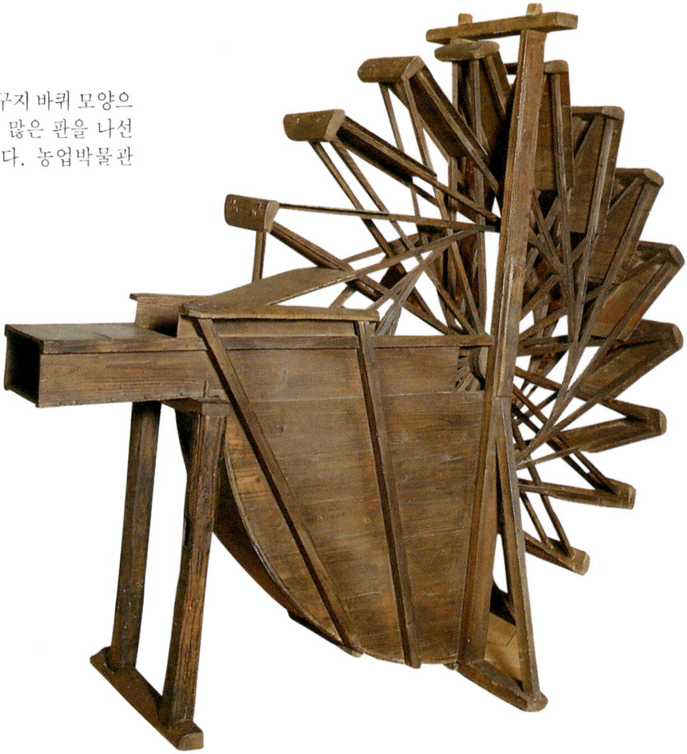

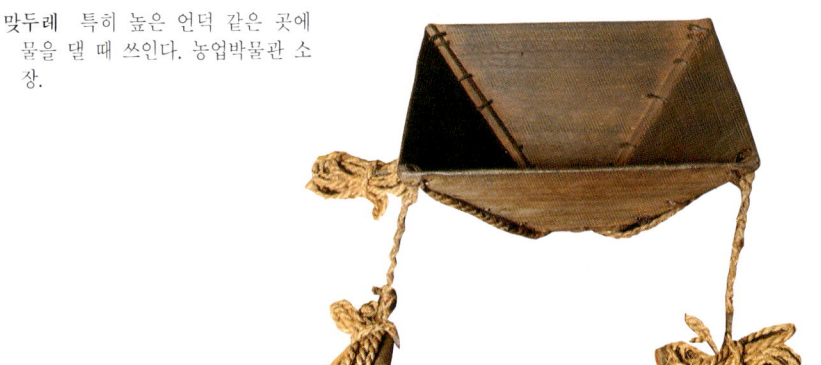

맞두레 특히 높은 언덕 같은 곳에 물을 댈 때 쓰인다. 농업박물관 소장.

농작물 수확, 갈무리를 위한 연장(거두기, 알곡털기, 고르기, 말리기, 갈무리)

거두는 연장

거두는 연장으로는 낫, 전지 등이 있다. 석기 시대의 유물인 돌낫은 이삭을 자르는 데 쓰였을 것이나, 쇠를 다루기 시작하면서부터 지금의 낫이 생긴 것 같다. 낫은 곡식을 거두는 것말고도 풀베기나 땔나무로 사용하는 등 다양하게 쓰인다. 70쪽 사진

전지는 'Y'자 모양으로 가지가 벌어진 긴 나무 끝에 조그마한 망태기나 주머니를 단 것으로 감, 배 등의 과일을 따는 데 쓴다.

터는 연장

한 해 농사의 마무리는 곡식을 털고 고르는 일로서 음력 9월 무렵이 된다. 터는 연장으로는 벼훑이, 개상, 도리깨, 그네, 탈곡기 등이 있고 최근에는 경운기에 연결한 탈곡기, 수확기와 탈곡기를 겸한 콤바인이 등장했다. 71쪽 그림

벼훑이는 두 개의 나뭇가지나 수숫대 등으로 집게같이 만들어 그 틈에 벼이삭을 끼고 훑어 내는 가장 원시적인 기구이다. 이것으로는 온종일 벼 한 섬을 훑을 수 있다고 한다.

개상은 자리개(옭아 매거나 묶거나 하는 데 쓰이는 굵은 줄)로 묶은 볏단이나 보릿단을 그 위에 태질(세차게 메어치거나 던지는 일)을 해서 곡식의 낟알을 떨어뜨리는 것이다. 이것을 '자리개질' 또는 '태질'이라 한다.

도리깨는 곡식의 이삭을 두드려서 알갱이를 떠는 데 쓰는 것으로, 기름한 작대기 끝에 구멍을 뚫어 꼭지를 가로 박아서 돌게 하고, 그 꼭지 끝에 두 개나 세 개의 휘추리(회초리, 나무의 가늘고 긴 가지)를 잡아매서 휘둘러 가며 치게 되었다.

벌낫 농업박물관 소장.

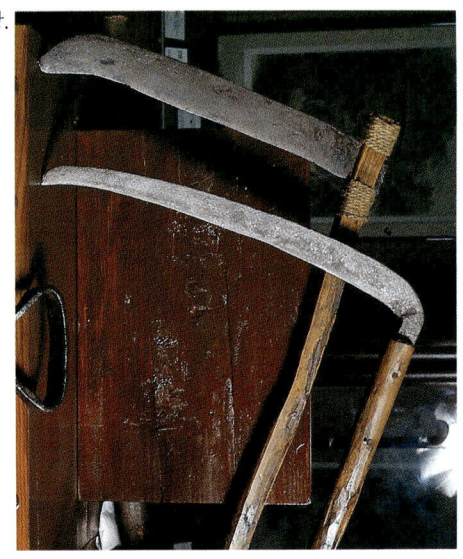

밀낫 농업박물관 소장.

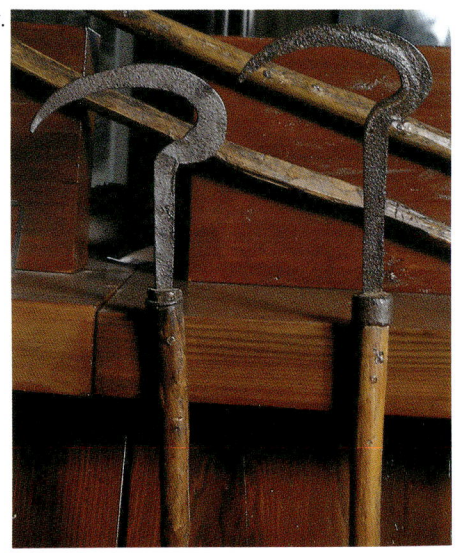

70 농기구의 형태와 기능, 사용법

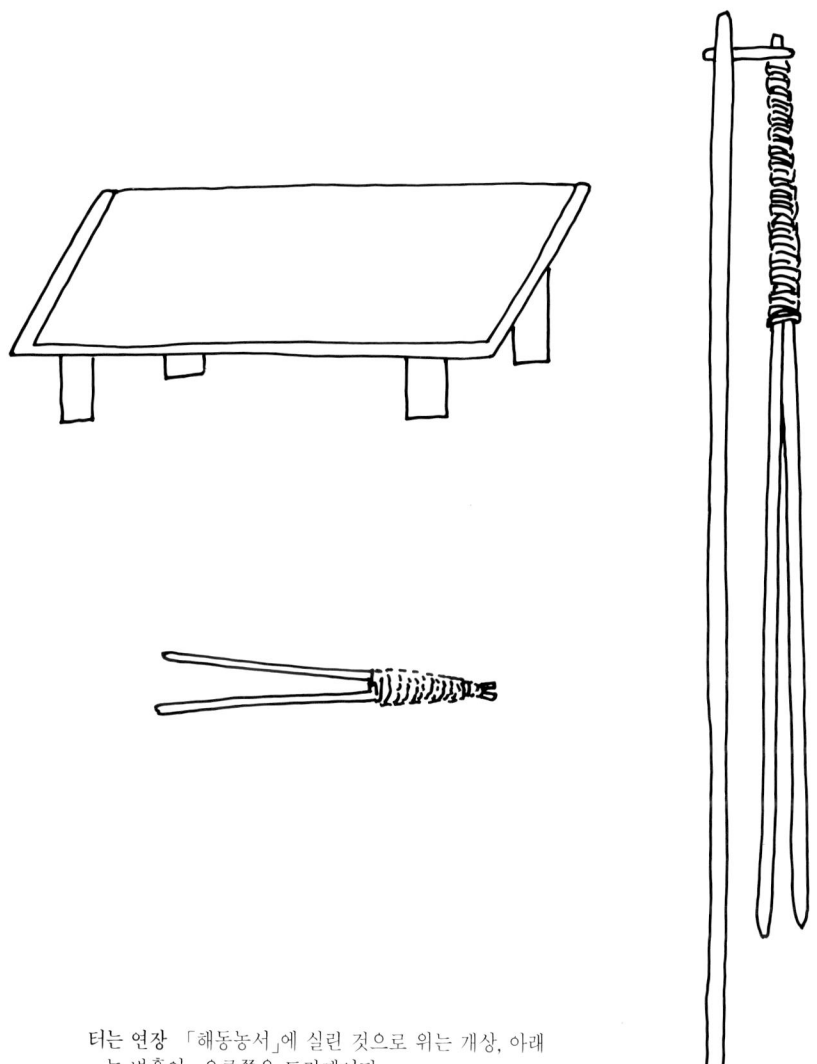

터는 연장 「해동농서」에 실린 것으로 위는 개상, 아래
는 벼훑이, 오른쪽은 도리깨이다.

고르는 연장

74쪽 사진 곡식을 고르기 위해서는 바람을 이용하거나, 부뚜(곡식에 섞인 티끌 등을 날리기 위해 바람을 일으키는 데 쓰는 돗자리)를 흔들어 먼지와 쭉정이를 날렸다. 그 밖에 고르는 연장으로는 풍구, 바람개비, 키, 체, 쳇다리가 있다.

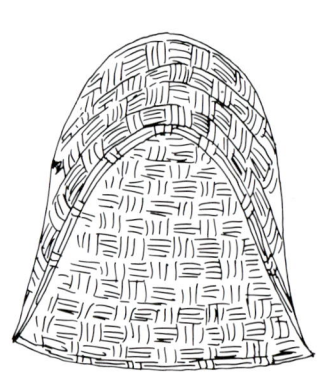 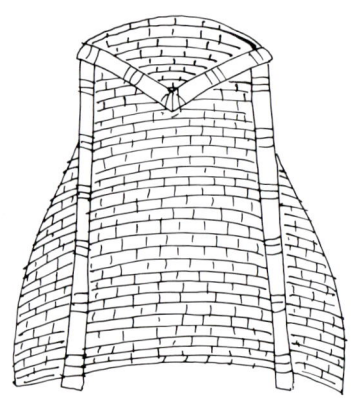

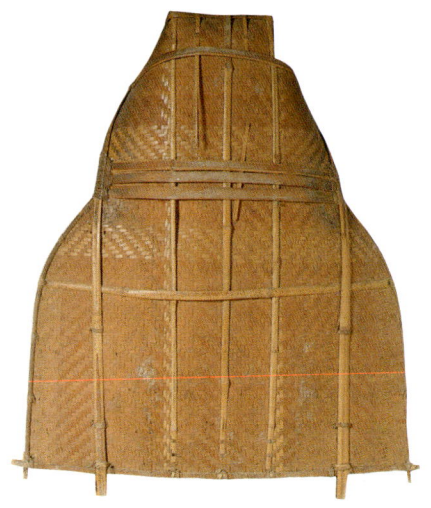

키 위 왼쪽과 오른쪽은 「해동농서」에 실린 키의 형태이고 아래는 온양민속박물관 소장의 키이다. 이 용구는 곡식이나 다른 물건을 까불러서 쭉정이, 검부러기를 없애는 데 쓰인다.

72 농기구의 형태와 기능, 사용법

풍구는 초보적인 기계 장치로 되어 있는데 조선조 후기의 문헌에 보인다. 이것은 쌀, 보리, 밀, 콩, 팥 등 곡식의 쭉정이, 겨, 먼지들을 가려 내는 데에 쓰인다.

바람개비는 프로펠러 비슷한 네 개의 날개를 X자 모양으로 달아서 바람을 일으켜 쭉정이나 검부러기를 날리는 데 쓴다. 키는 곡식이나 다른 물건을 까불러서 쭉정이, 검부러기를 없애는 데 쓰이는 연장으로 고리버들이나 얇은 댓살로 만들었다. 체와 쳇다리는 한 조를 이루면서 곡물의 가루를 곱게 쳐 내거나 혹은 액체를 받아 내는 데에 쓰인다.

풍구 농업박물관 소장.

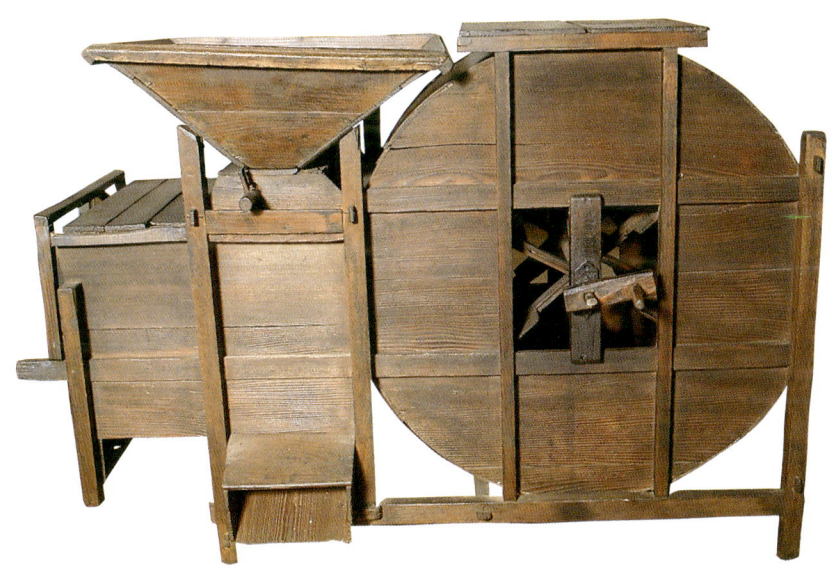

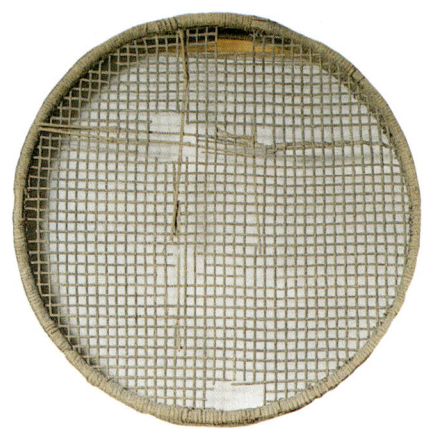

체와 쳇다리 체와 쳇다리는 한 조를 이루면서 곡물의 가루를 곱게 쳐 내거나 액체를 받아 내는 데에 쓰인다. 온양민속박물관 소장.(위,아래)

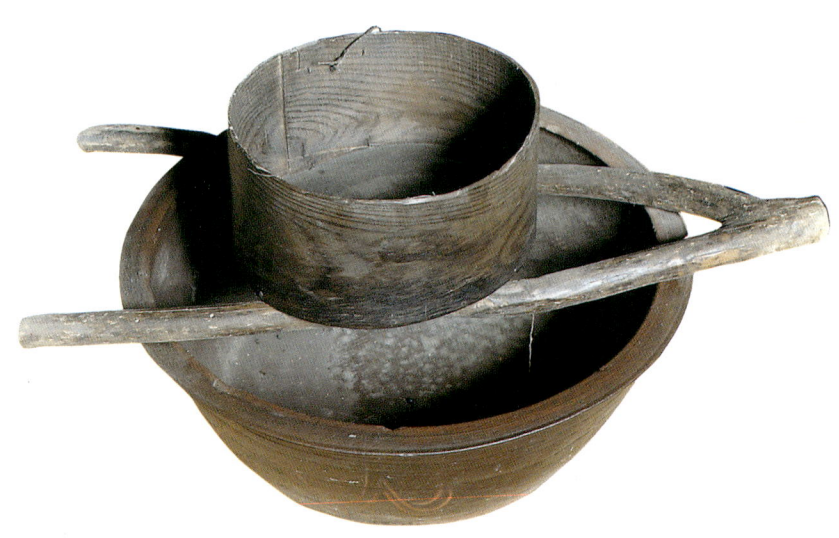

말리는 연장

곡식을 털고 골라서 저장하기 위해 햇볕에 말리는 데는 멍석, 도래방석, 발, 거적, 얼루기 등이 있다. 멍석과 도래 방석은 짚으로 만든다. 발은 싸리나 겨릅대를 나란히 놓고, 사이 사이를 엮은 것으로 고추 등 큰 덩어리의 농작물을 말리는 데 쓴다.

거적은 짚을 새끼로 엮어 긴 네모꼴로 농작물을 넣어 말리고 온상을 덮기도 한다. 얼루기는 서까래 같은 둥글고 긴 나무 여러 개를 원뿔 모양으로 위는 모아 묶고 아래를 벌려서 곡식단을 말리는 데에 쓴다.

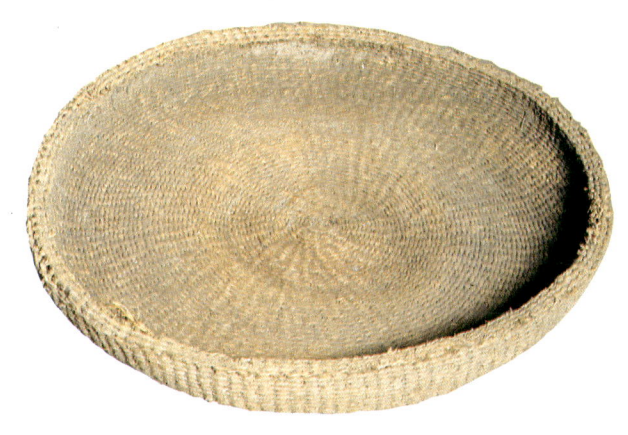

도래 방석　짚으로 만든 것으로 곡식을 털고 골라 햇볕에 말리는 데에 쓰인다. 온양민속박물관 소장.

저장 용기

77쪽 아래 사진

많은 곡물을 저장할 때는 나락두지, 곡갑(穀匣) 등이 있었으나 널리 쓰이지 않았다. 곡식이나 사료의 저장과 함께 수량을 단위로 파악할 수 있도록 멱서리와 섬 등이 쓰였다. 그 밖에 갈무리 연장으로 가마니, 중태, 독, 두트레방석, 채독, 통가리, 밤우리, 멱둥구미, 소쿠리, 뒤웅박이 있다. 가마니는 짚으로 돗자리 치듯이 쳐서 만든 것으로 곡식, 소금 등을 갈무리하거나 담아 운반하는 데에 쓰인다.

78쪽 사진

중태도 가마니처럼 곡류와 감자 등을 갈무리하는 데에 쓴다. 독은 주로 곡물을 담아 갈무리하는 데에 사용하고, 간장, 김치, 술 등을 담는 그릇으로도 쓰인다. 채독은 싸리로 배가 부르게 독처럼 엮어 마른 곡식을 갈무리한다. 통가리는 쑥대나 싸리 또는 뜸 등을 새끼로 엮어 둥글게 둘러치고 곡식을 담아 둔다.

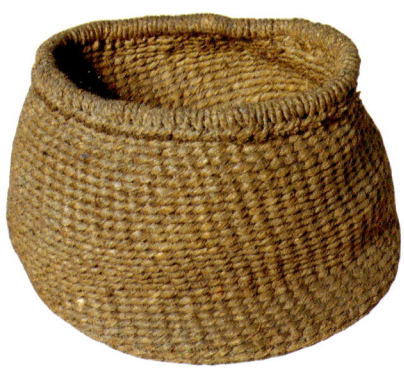

둥구미 농업박물관 소장.

77쪽 위 사진

멱둥구미는 짚으로 둥글게 엮은 것으로 보통 갈무리하는 데 쓰이나 부인들이 머리에 이고, 곡물이나 채소 등을 운반하기도 한다. 소쿠리는 대(竹)로 만들며 보통 모양이 둥글고 울이 깊다.

뒤웅박은 박을 반으로 쪼개지 않고 꼭지 근처에 구멍만 뚫거나 꼭지 부분을 베어 내거나 하여 속을 파낸 바가지이다.

먹둥구미 농업박물관 소장.

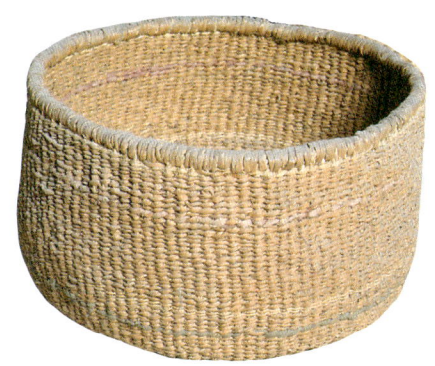

섬 농업박물관 소장.

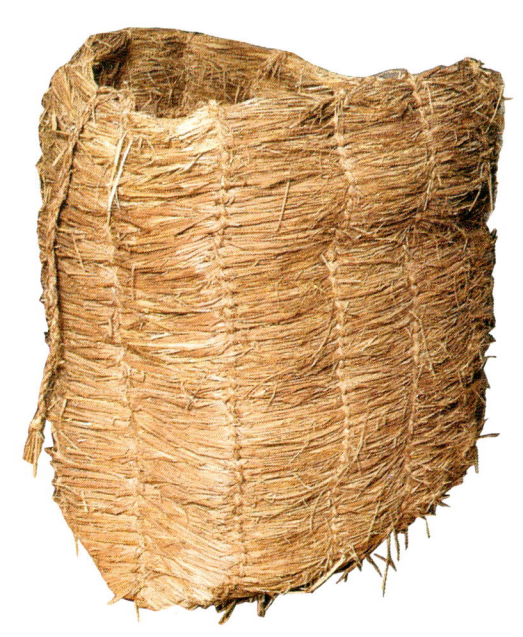

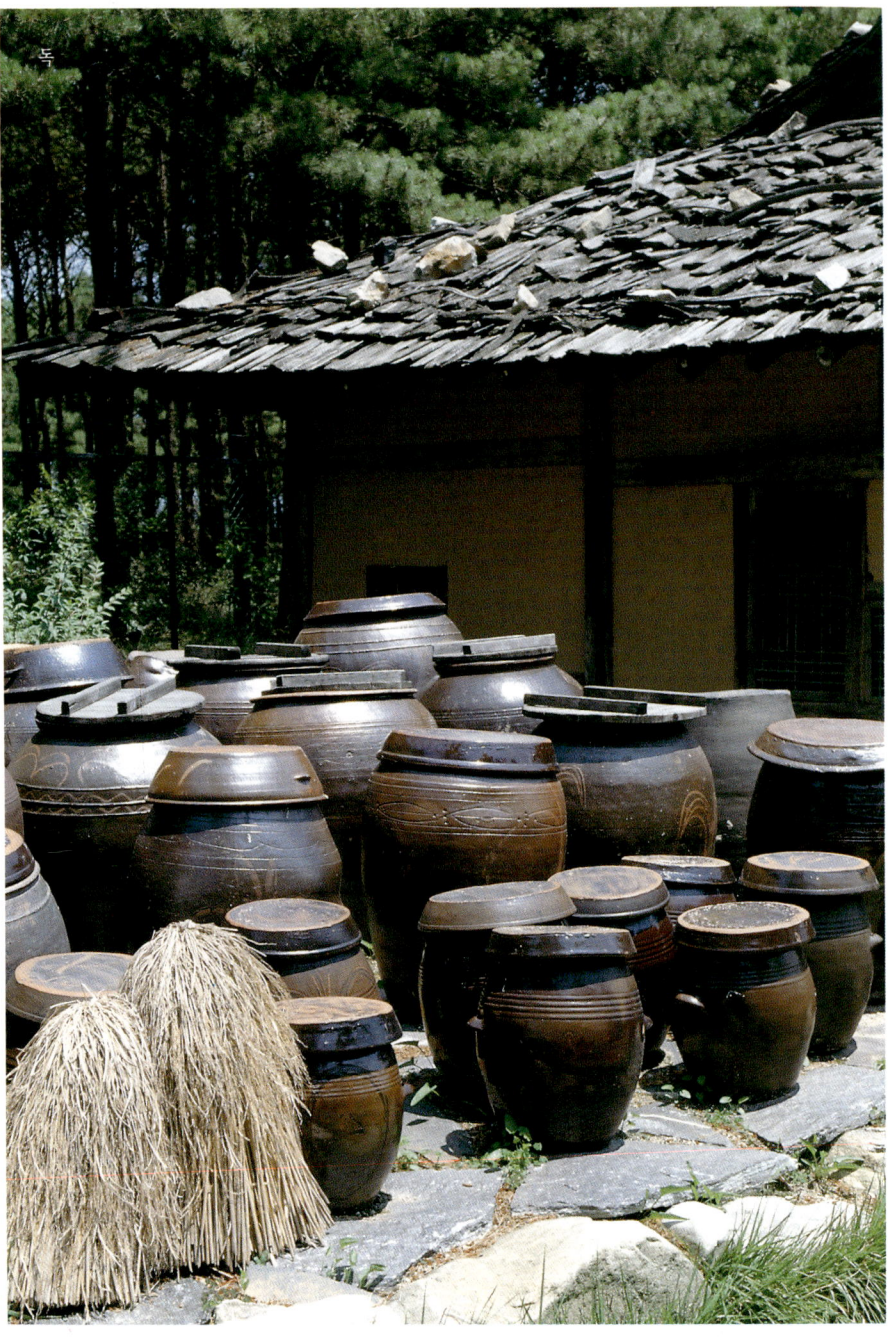
독

농산물을 알곡내고 찧거나 가루내기 위한 연장 (주로 방아의 기능)

　방아는 그 기능으로 보아 바수기, 찧기, 쓸기, 갈기, 빻기, 치기 등으로 나누어 볼 수가 있다. 바수기란 보리 이삭 등을 절구에 넣고 절구공이로 알곡을 내는 것이니 이를 '바숨질'이라고도 한다. 찧기는 겉껍질을 제거하는 것으로 벼를 쌀로, 보리를 보리쌀이 되게 하는 과정이다. 쓸기는 현미를 백미가 되도록 한 번 더 절구에서 찧어 내는 것이다. 갈기는 물을 섞어 액으로 만드는 과정에서 절구에 넣고 절구공이로 으깨는 것을 말하며 또 갈돌, 확, 맷돌도 이용된다. 빻기는 가루를 내는 것이고 치기는 떡을 치는 것을 말한다. 이와 같은 방아도 여러 가지 종류가 있다.

　디딜방아, 연자매 등은 주로 알곡과 가루를 내는 데 쓰이던 연장으로 그 옛 모습은 석기 시대의 연석(碾石)에서 찾아볼 수 있다.

82쪽 위 사진

83쪽 아래 사진

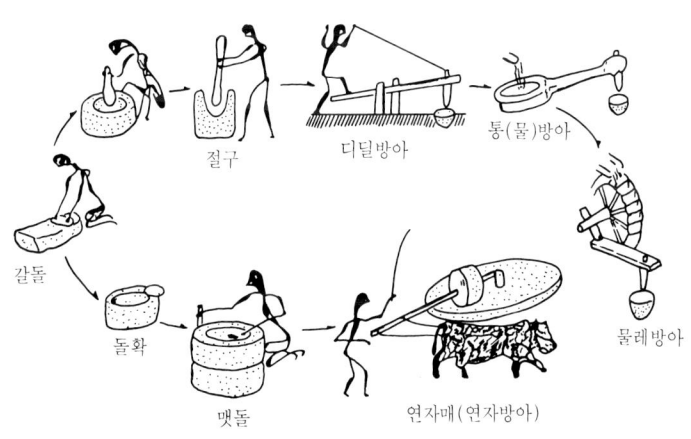

정곡 제분 도구의 발전 과정

돌확 온양민속박물관 소장.

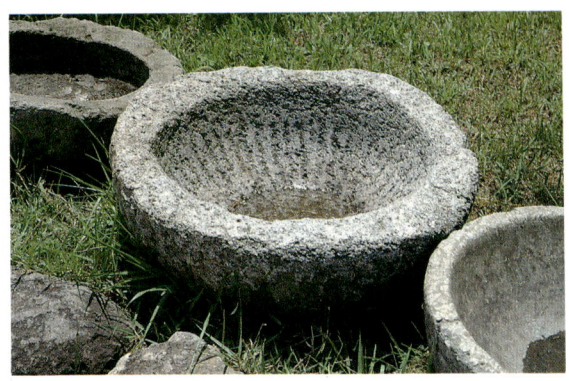

83쪽 위 사진
82쪽 아래 사진
연석은 돌확과 절구의 두 형태로 발전했는데 돌확에서 맷돌과 연자매가, 절구에서 디딜방아, 물방아(통방아), 물레방아 등이 생긴 것으로 보인다. 통방아는 긴 통나무의 한 쪽을 파내어 물받이를 만들고 그 반대쪽에 방아공이를 달아 가운데를 받친 원시적인 방아이다.

물레방아는 물의 힘으로 돌아가는 물레바퀴의 굴대에 꿰어진 넓적한 나무가 방아채의 한 끝을 눌러서 방아채를 들어 올리게 하는 원리의 방아이다. 옛 기록에 디딜방아를 절구에 비해 10배, 수력을 이용한 물레방아는 100배의 효과가 있다고 했다.

매통은 굵은 통나무 두 짝이 서로 닿는 마구리에 凸凹로 파서 벼의 껍질을 벗기는 데만 쓰였다. 돌확은 보통 자연석을 우묵하게 판 것과 자배기 모양의 오지 그릇 안을 우툴두툴하게 구워 낸 두 가지가 있는데 적은 양의 곡식을 찧으며 고추, 깨소금 등의 양념을 빻기도 한다. 이 밖에도 매함지, 매판, 맷방석, 맷돌다리 등 곡식을 갈고 빻는 데 사용되는 연장이 많다.

84쪽 그림
디딜방아는 청동기에도 있었으며 또 고구려 고분 벽화에도 나타나 있고, 신라에서는 유명한 백결 선생의 방아타령이 있는 것으로 보아 오랫동안 우리 생활과 밀착해 있었다는 것을 알 수 있다.

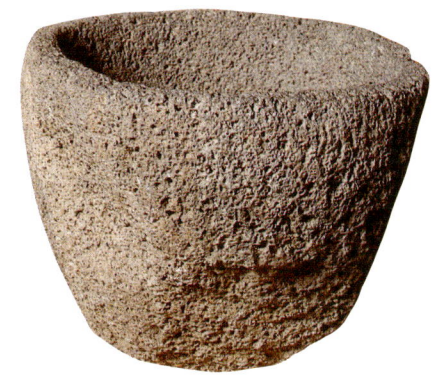

돌절구 농업박물관 소장.

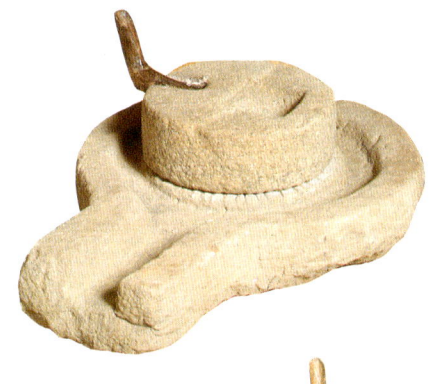

맷돌 농업박물관 소장.

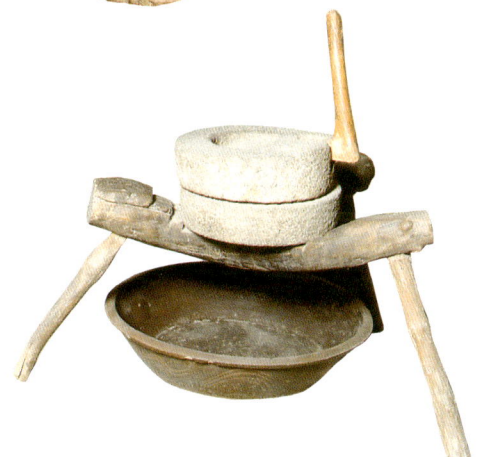

맷돌과 쳇다리 온양민속박물
관 소장.

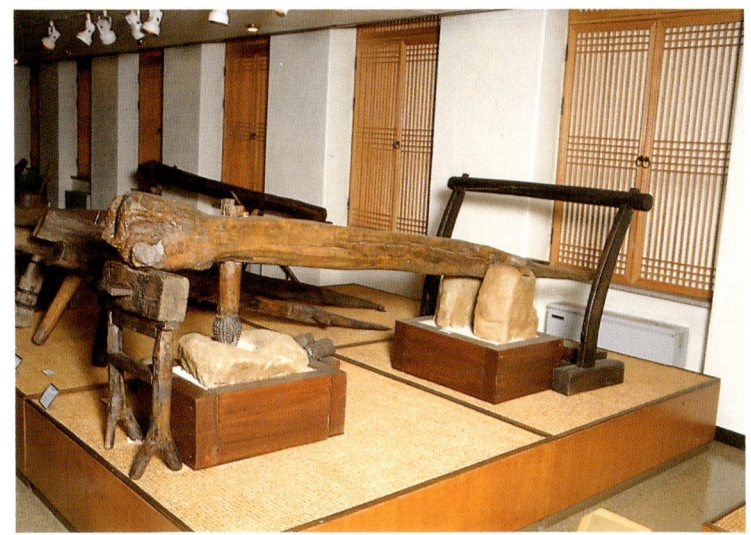

디딜방아 디딜방아, 연자매 등은 주로 알곡과 가루를 내는 데 쓰이던 연장이다.

물방아 물레방아의 발전 전 단계로 긴 통나무의 한 쪽을 파내어 물받이를 만들고 그 반대
쪽에 방아공이를 달아 가운데를 받친 원시적인 방아이다.

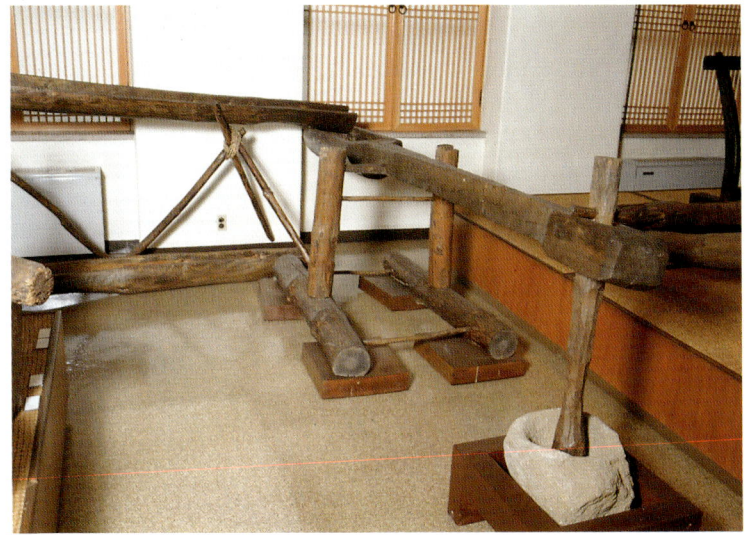

나무절구

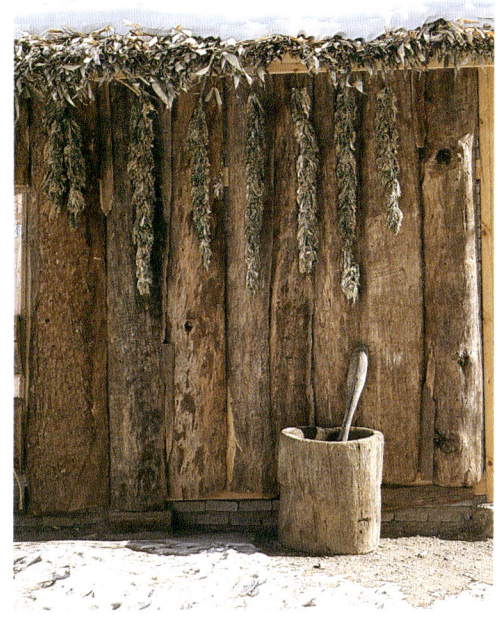

연자매

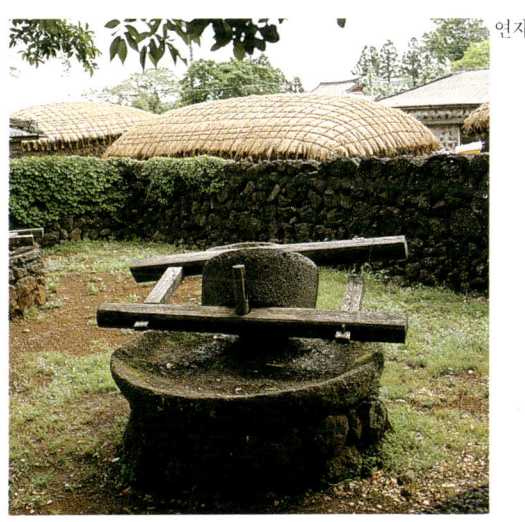

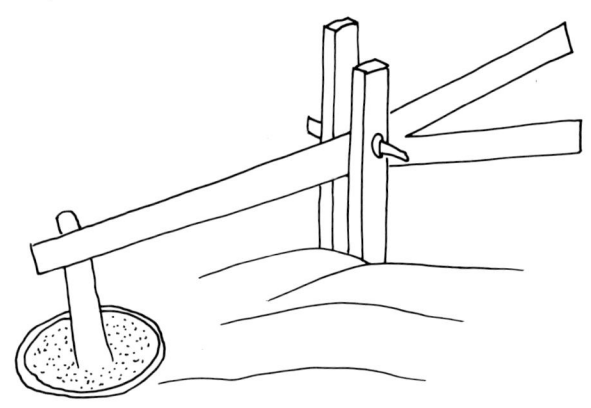

「해동농서」의 외다리 디딜방아(위, 아래)

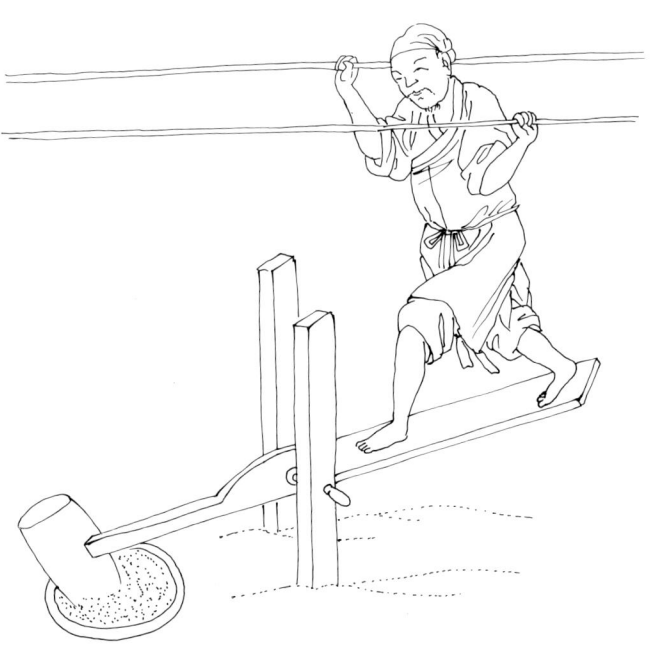

농작물 운반을 위한 연장

우리 농촌에서는 최근까지 물건이나 농작물을 운반할 때에 사람이나 짐승의 힘을 이용할 수밖에 없었다.

사람의 힘에 의한 운반은 머리, 어깨, 등, 허리, 손 등으로 나르게 된다. 여기에 이용된 연장으로는 지게, 쟁기지게, 바소거리, 거름지게, 망태기, 주루막, 다루깨, 바구니, 광주리와 따리 등이 있다.

87쪽 사진

지게는 몸과 가지가 한 몸을 이루는 것이 보통이나 때에 따라 지겟가지를 참나무로 깎아 꽂은 것도 있다. 곡물, 나무, 거름 등 사람의 힘으로 나를 수 있는 대부분의 것을 지게로 운반한다.

86쪽 사진

쟁기지게는 쟁기나 극젱이를 논밭에 운반하기 위해서 특별히 만든 것이다. 거름지게는 물지게처럼 생긴 것으로 것으로 거름통을 져 나르는 데에 쓰인다. 바소거리는 부스러기 짐을 나르기 위해 지게에 얹어 사용하는 것으로 접었다 폈다 할 수 있다. 이 지게는 농어촌에서는 반드시 있어야 하는 것으로 농경이 주된 생업으로 되어 온 70년대까지는 한 가구당 적게는 한두 개에서 많게는 열 개 정도까지 소유하기도 했다.

그러나 70년대 중반에 농경에서 상공업으로 국가 정책이 바뀌면서 차차 지게가 우리 생활에서 멀어져 가고 있는 실정이다. 농부들은 지게를 만들기 위해 산에 나무하러 다니면서 지겟가지나 쟁기의 술, 성에, 멍에 등 농기구로 가장 적당하다고 판단된 나무를 선택해 두고 아무에게도 알리지 않고 있다가 이른봄 농한기에 이를 취해서 동네 목수에게 부탁하거나 본인 스스로 만들기도 해서 사용한다. 지겟가지는 거의 비슷한 것을 취해 한 쌍으로 해야 되겠기에 지겟가짓감으로 좋은 것이 있다는 얘기를 남에게 하지 않는 것이다.

망태기는 보통 가는 새끼나 노를 엮어 만드는 데 곡물, 감자 등을 담아 나르는 데에 쓰이며 쇠꼴을 베어 여기에 담아 나르기도 한다.

지게

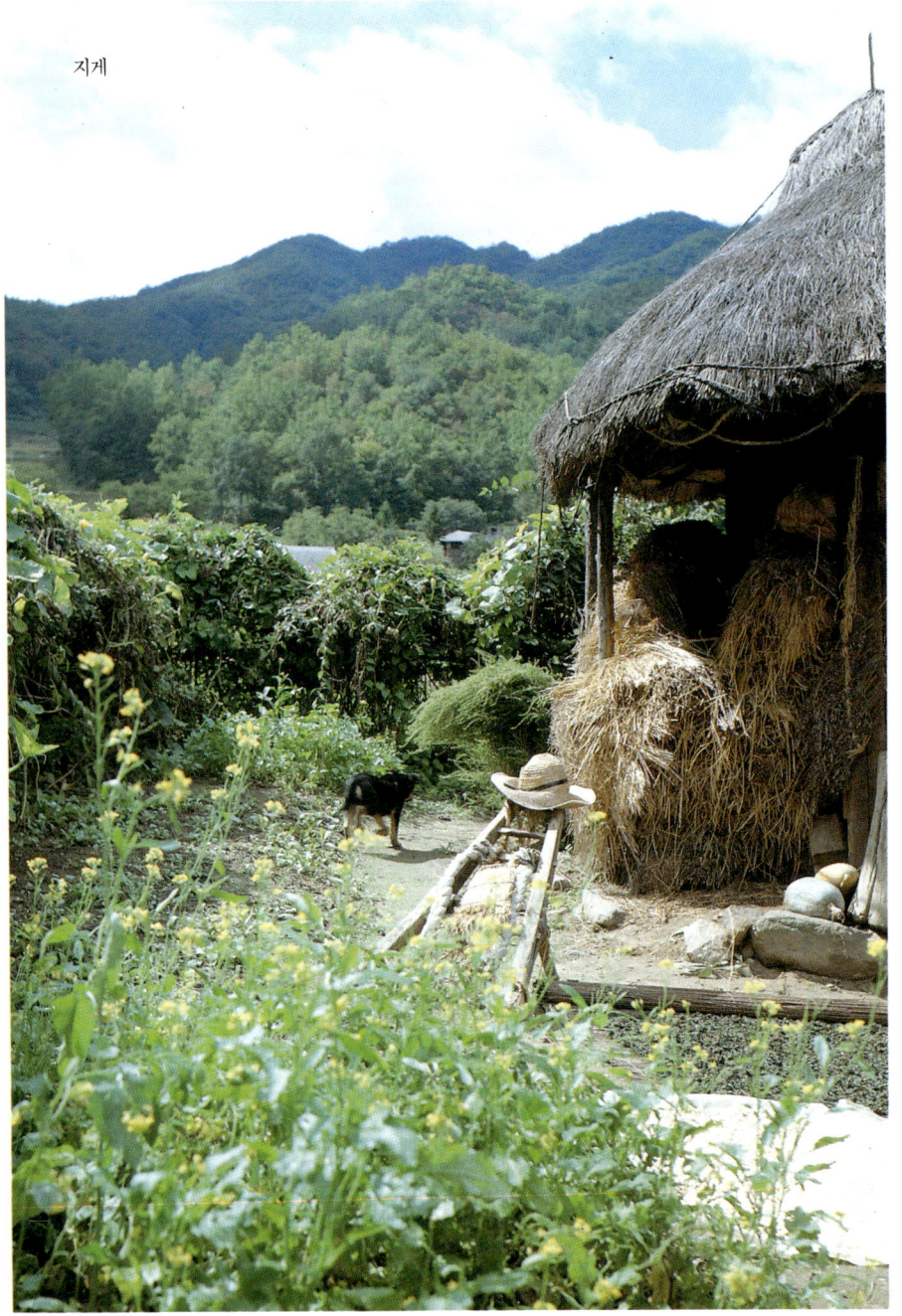

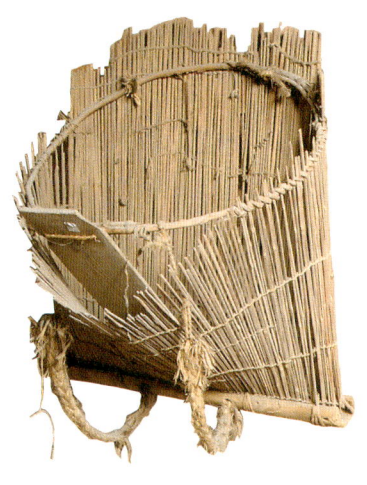

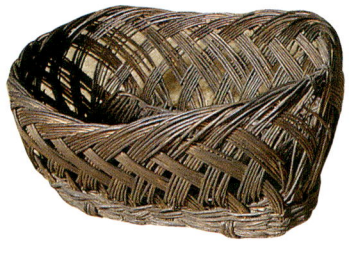

바소거리 온양민속박물관 소장.

싸리 광주리 농업박물관 소장.

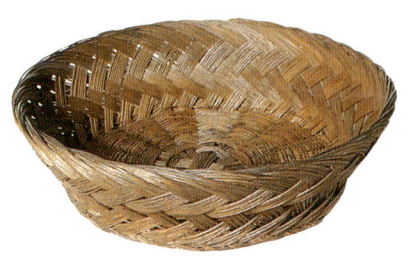

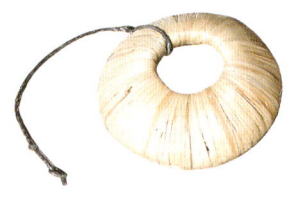

광주리 농업박물관 소장.

똬리 온양민속박물관 소장.

주루막은 네모꼴이나 염낭처럼 주둥이를 조일 수 있는데 가늘게
꼬인 새끼로 촘촘히 엮은 것이다.

다루깨는 대(竹)로 울이 깊고 바닥은 넓게 만든 것으로 지게의
멜빵처럼 끝이 양쪽으로 달려 어깨에 질 수 있게 되었다. 바구니는
대나 싸리를 쪼개어 둥글게 결어 속이 깊숙하도록 만든 것으로 갖가
지 물품을 여기에 담아서 운반한다. 농어촌의 여인들은 60년대까지
만 해도 들이나 바다, 기타 외출할 때에 항상 지니고 다니는 것으로
요즈음 도시 여인들의 손가방과 같은 휴대품이었다.

광주리는 밑이 편평하고 넓고 위는 되바라졌으며 운두는 그리
높지 않다. 대개 싸리나 버들로 만드나 대가 많은 남쪽에서는 대광
주리도 흔히 볼 수가 있다. 이는 목화를 따서 나르거나 배추를 운반
하며 특히 들일을 할 때에 새참이나 점심 등 들밥을 갖고 갈 때도
애용되고 있다. 똬리는 물동이나 광주리 등 짐을 머리에 일 때에
머리에 얹어서 짐을 괴는 것이다.

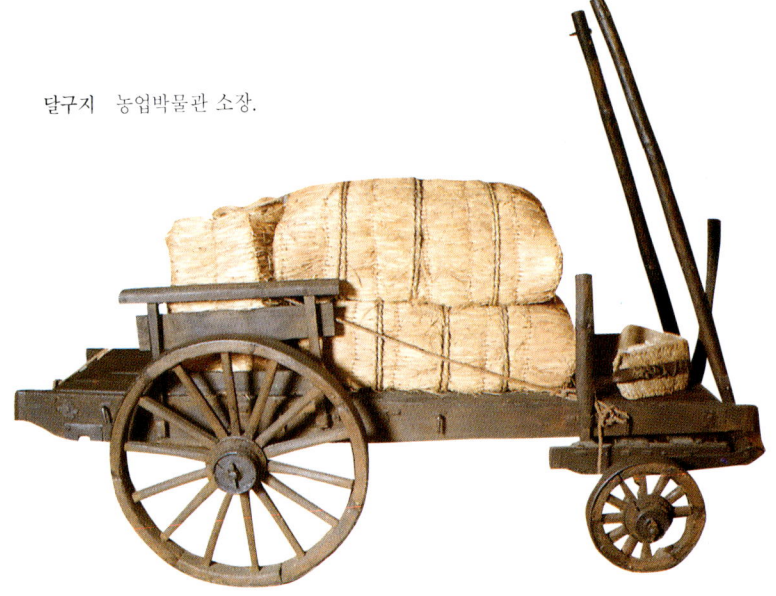

달구지 농업박물관 소장.

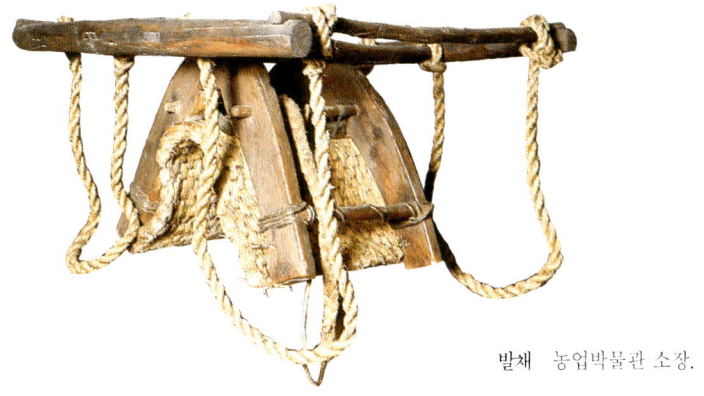

발채   농업박물관 소장.

　동물을 이용한 운반은 소나 말 등에 거지게, 길마, 옹구, 걸채, 88쪽 사진
발채, 달구지 등을 채우고 그 위에 물건을 실어서 운반한다. 길마는
말굽쇠 모양으로 구부러진 나무 두 짝을 나란히 놓고 안쪽 양편에
두 개의 막대를 대어 고정시켰다. 이것은 옹구, 걸채, 거지게 등에
실린 짐이 소의 등에 직접 닿지 않도록 얹어 놓은 것이다. 걸채와
발채라는 명칭은 그 구별이 뚜렷하지 않다. 이것들은 소 등의 길마
위에 얹어 벼나 보릿단 등을 실어 나르는 데에 쓴다. 옹구는 길마
위에 얹는 Ⅱ자 모양의 나무틀에 의지하여 새끼로 촘촘하게 가마니
처럼 짜서 붙인 부대기이다. 이것으로 주로 두엄, 무, 배추, 감자
등 부스러기(낱개) 짐을 실어 나르고 모래도 운반하는 데 쓰인다.
　거지게는 지게와 비슷한데 길마 위에 덧얹어 중량이 무거운 나무
나 돌 등을 운반하는 데 쓴다. 달구지는 말이 끌면 마차라 하고,
소가 끌면 우차라 하는데 긴 널판으로 몸채를 짜고 양쪽에 챗대를
달아 소나 말에 연결시킨다. 곡식이나 나무 등 갖가지의 짐을 실어
나른다.
　이 밖에 강이나 바다 등 자연을 이용한 뗏목, 거룻배들이 있다.

가축을 치는 연장

집짐승을 기르는 목적에는 종류에 따라 여러 가지가 있겠으나 우리나라에서는 대부분 생활 경제의 필요성이나 애완의 목적으로 길렀던 것으로 생각된다.

우리나라에서는 흔히 소, 돼지, 개, 닭 등을 기르는데 집짐승 가운데서 특히 소를 중요시하였다. 이러한 집짐승을 기르는 연장으로는 91쪽 사진 외양간, 작두, 구유, 가마솥, 쇠죽바가지, 어리, 둥우리 등이 있다.

구유는 굵은 통나무를 파서 만드는 것이 보통이나 돌구유를 사용하는 경우도 있다. 여기에 말, 소의 죽이나 여물을 담아 준다. 쇠죽바가지는 생나무를 손잡이 달린 바가지 모양이 되게 판 것으로 쇠죽가마에서 쇠죽을 퍼서 담는 데에 사용한다. 이를 쇠남박이라고도 한다.

작두는 말, 소에게 먹일 여물 곧 풀, 콩깍지, 짚, 고구마 줄기, 옥수숫대 등을 써는 연장으로 양쪽으로 벌어진 나무 토막 위에 쇠기둥을 낮게 세우고 칼날을 끼어 올렸다 내렸다 하며 써는 것이다. 이는 두 사람이 조를 이루어 한 사람은 작두를 밟고 한 사람은 작두밥을 대어서 작두질을 한다. 손작두란 혼자서 여물을 매기고 썰고 하는 것이다.

어리는 그것을 만드는 재료와 형태가 지방에 따라 많은 차이가 있다. 보통 대, 싸리로 둥글거나 네모나게 만드는데 병아리를 기르거나 또는 닭집으로도 이용한다. 둥우리는 바구니 비슷하게 짚으로 엮어 만든 것으로 처마 밑이나 추녀 밑에 달아 놓아서 닭이 알을 낳거나 병아리를 까기도 한다.

집짐승은 식품의 공급, 운반 수단, 음식 찌꺼기를 처리하는 한편, 배설물을 활용하여 거름을 장만하는 등 일찍부터 일상 생활과 경제에 매우 깊은 관계를 맺어 온 것 같다.

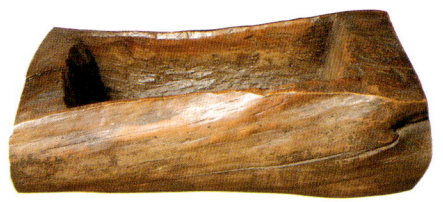

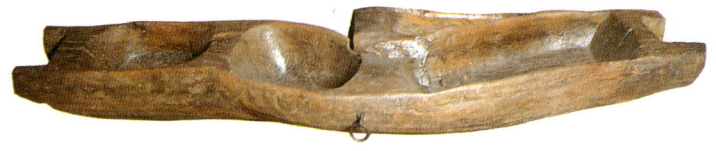

구유 굵은 통나무를 파서 만드는 것으로 여기에 말, 소의 죽이나 여물을 담아 준다.
농업박물관 소장.(위, 가운데)
작두 두 사람이 조를 이루어 한 사람은 작두를 밟고 한 사람은 작두밥을 대어서 작두
질을 한다. 가축에게 먹일 여물을 준비하는 데 쓰인다. 온양민속박물관 소장.(아래)

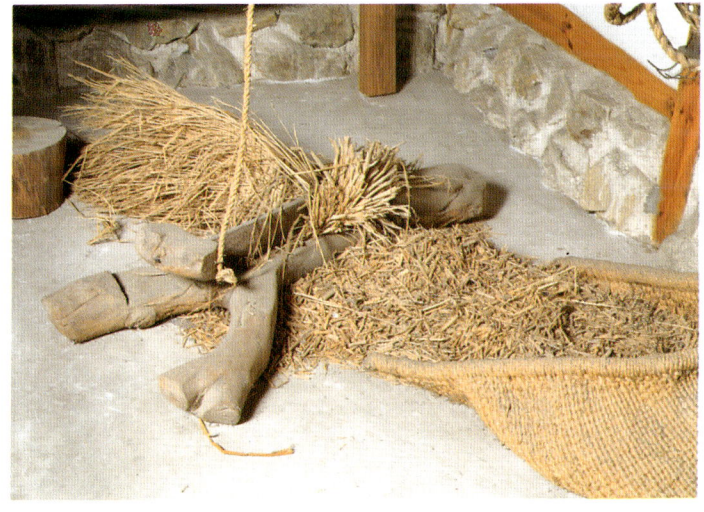

농산 제조 연장(짜는 연장)

농산 제조 연장으로 길쌈에 필요한 베틀, 물레, 씨아, 날틀 등과 새끼, 가마니, 자리, 신을 짜는 틀 등과 기름틀, 국수틀, 약틀 등이 있다.

국수틀 온양민속박물관 소장.

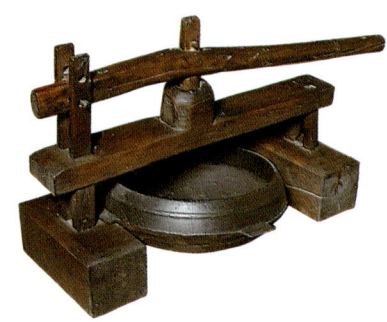

신틀 온양민속박물관 소장.

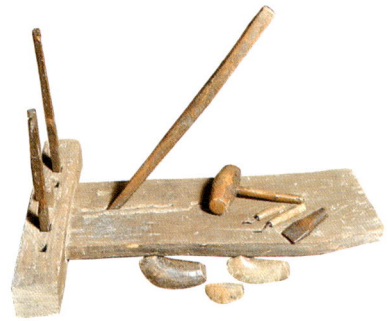

약틀 온양민속박물관 소장.

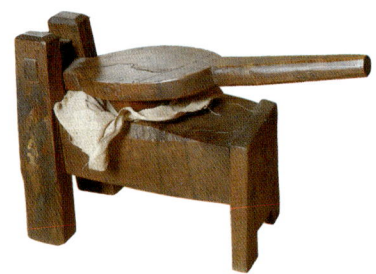

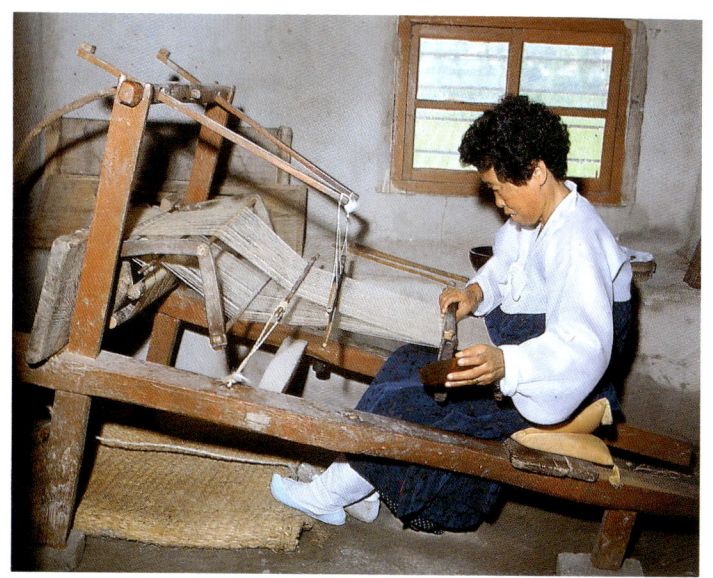

길쌈　베틀은 베, 명주, 모시, 무명의 씨줄과 날줄로 옷감을 짜는 연장이다. 목재로 만들었으며 두 개의 누운 다리에 구멍을 뚫어 앞다리와 뒷다리를 세우고 가랫장으로 고정시켰다. 여기에 도투마리(베를 짤 때에 날을 감는 베틀의 한 부분)를 얹고 잉아(베틀의 날실을 한 칸씩 걸러서 끌어올리도록 맨 굵은 실)에 걸어 말코(짜여져 나오는 베를 감는 대)에 걸어 앉을깨에 앉아 부티를 허리에 찬다.

베틀

길쌈이란 가정에서 부인들이 삼베, 명주, 모시, 무명 등의 피륙을 짜는 일을 이르는 말로서 그 대표적인 연장은 베틀이다.

베틀은 베, 명주, 모시, 무명의 씨줄과 날줄로 옷감을 짜는 연장이다. 목재로 만들었으며 두 개의 누운 다리에 구멍을 뚫어 앞다리와 뒷다리를 세우고 가랫장으로 고정시켰다. 여기에 도투마리(베를 짤 때에 날을 감는 베틀의 한 부분)를 얹고 잉아(베틀의 날실을 한 칸씩 걸러서 끌어올리도록 맨 굵은 실)에 걸어 말코(짜여져 나오는 베를 감는 대)에 걸어 앉을깨에 앉아 부티를 허리에 찬다.

피륙은 그 날의 촘촘함을 따질 때에 '새'라는 말을 쓴다. 한 새는 바디의 구멍이 40개로 짜여지는 것을 말하며 한 구멍에는 두 날의 실이 꿰어진다. 명주와 모시는 보름 새(15새)짜리가 가장 좋고, 무명은 보통 아홉 새로 짜고 있으나 그 이상의 새로 짜는 수도 있다. 명주와 무명은 철을 가리지 않으나 삼베와 모시는 추석이 한계로 찬바람이 나면 짜지 않는 것이 상례이다. 그러나 안동포의 경우는 철을 가리지 않은 점도 하나의 특징이랄 수 있다.

찬바람이 나면 베가 빠지고 바디(날실을 고르고 씨실을 치는 구실을 하는 기구)를 오르내리기 힘들며 북을 넣기도 힘들다. 명주의 경우는 음력 4월 초에 잠종을 사서 뽕잎을 먹이면, 5월경에 누에가 고치를 짓는다. 이것을 따서 따가운 햇볕에 잘 말린 뒤에 실솥을 걸고 팔팔 끓는 물에 적당한 분량을 넣고 자애에다 걸어 돌꼇에 올렸다가 실대롱에 감는다. 이것을 다시 바디에 꿰고 매기 과정을 거쳐 베틀에 올려 놓게 된다.

날줄 농업박물관 소장.

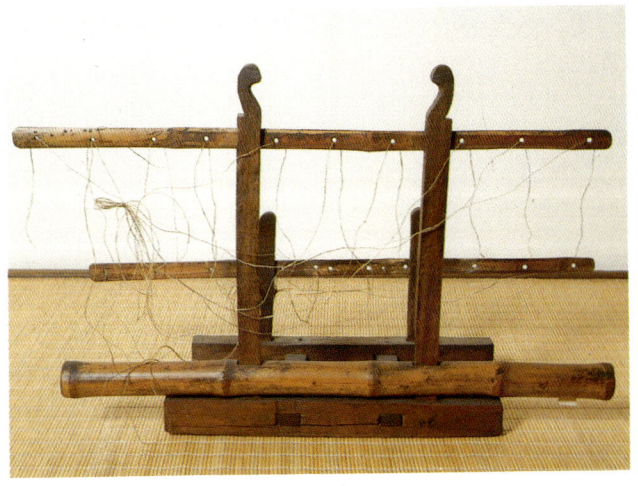

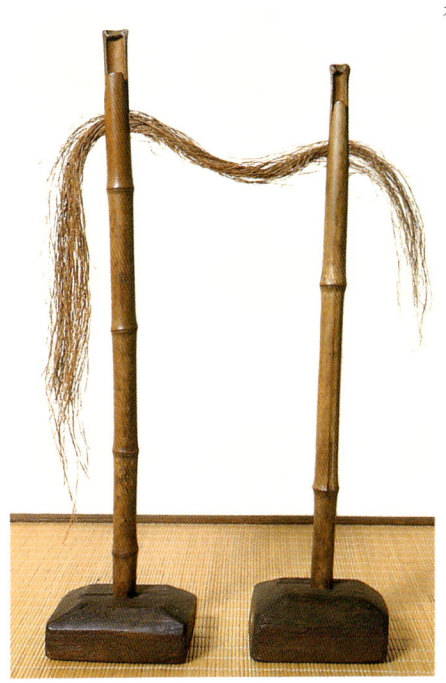

　무명의 경우는 음력 4월 하순에 목화씨를 뿌려서 8월 중순께 첫물을 따며, 이를 볕에 잘 말려 씨아질을 하여 활로 타서 솜이 부풀게 한 다음 말대로 말아 고치를 만든다. 고치를 물레로 자아 실톳을 만들고, 날틀에 열 개의 실톳을 걸어 실고르기를 하여 명주와 같은 과정을 거쳐 베틀에 올려진다. 베짜기는 아무리 잘 짜는 사람도 하루에 30자를 넘게 짜기가 힘들다.

　이와 같이 길쌈은 날과 씨 하나하나에 담긴 정성은 이루 헤아릴 수 없는 것이다. 여기에는 분명히 고통과 애환이 뒤따랐기에 애조 띤 베틀 노래가 고달픈 여인들 생활사의 일면을 대변해 주고 있다.

베틀놓자 베틀놓자 옥녀방에 베틀놓자
베틀놓자 베틀놓자 선녀방에 베틀놓자
옥녀방에 잠들거덩 선녀방에 놀러가고
선녀방에 잠들거덩 옥녀방에 놀러가자
베틀다리 네다리요 내다리는 두다리요
앞다리는 돋어놓고 뒷다리는 낮게놓고
잉앳대야 삼형제야 눌림대야 호불아비
둘이쌍쌍 나웃대야 절로굽은 신남구는
오락가락 왕래하네 건성많은 도투마리
누우세락 일으세락 버드나무 연지북에
대추나무 바디집에 전통같은 팔을 걸고
무쇠같은 주먹으로 베틀꽁꽁 짜다보니
성님성님 사촌성님 그베짜서 뭣하는고
아이고야야 그말마라 서울가신 너의오라배
징림도포 아니하나 성님성님 말도말게
오시기는 오신다만 칠성판에 태여오네
아이고그게 왠말인고 쌍가독가 엇다두고
칠성판이 왠말인고 베틀놓자 베틀놓자
옥녀방에 베틀놓자 베틀놓자 베틀놓자
선녀방에 베틀놓자 옥녀방에 잠들그던
선녀방에 놀러가고 선녀방에 잠들거던
옥녀방에 놀러가자
(안동 지방 민요, 「한국민요집」4, 임동권)

베틀의 부분 명칭을 알아보면 다음과 같다.

용두머리　베틀 앞다리 위쪽에 있으며 두 개의 다리를 연결하고
눈썹대와 쇠꼬리를 끼우게 된 나무이다.

눈썹대 용두머리 두 끝에서 앞으로 내뻗친 가는 막대기이다. 그 끝에 눈썹줄이 달려 있다.

눈썹놀이 눈썹대의 끝 부분으로 눈썹줄이 달려 있다.

눈썹줄 눈썹대 끝에 잉앗대를 거는 줄이다.

잉아 베틀의 날실을 끌어올리도록 맨 실이다.

잉앗대 눈썹줄에 매달아 잉아를 걸어 놓은 나무나 대이다.

속대 잉앗대 밑에 들어가 나무나 대로 잉아를 바로잡아 주는 역할을 한다.

북 꾸리를 넣고 북바늘로 고정시켜 바디 바로 앞 날줄의 틈으로 왔다갔다 하게 하여 씨줄을 풀어 주어 베를 짜게 하는 배같이 생긴 나무통이다.

북바늘 북 속에 실꾸리를 넣은 뒤에 그것이 솟아나오지 못하도록 북 안 씨울에 끼워서 누르는 대오리이다. 북닫게, 북딱지 등으로 도 불린다.

꾸리 북 안에 들어갈 씨울로 전대에 감은 뒤에 빼서 물에 삶은 뒤에 물을 빼고 사용한다.

바디 베의 날을 고르며 북의 통로를 만들어 주고 실을 쳐서 짠다. 참빗살처럼 가는 대오리 두 끝의 앞뒤를 대쪽으로 대고 단단하게 실로 얽어 만든다.

바디집 홈이 있는 두 짝의 나무로 바디를 끼우고, 양쪽 마구리에는 비녀로 위짝과 아래짝을 연결하여 굵은 노끈이나 천으로 8자형으로 걸어 둔다.

바디집 비녀 바디집 두 짝의 머리를 잡아 꿰는 쇠, 나무, 대 등으로 만든 것이다.

최활 베를 짜 나갈 때 그 폭이 좁아지지 않게 너비를 지켜 주는 가는 나무 오리이다. 활처럼 등이 휘고 양끝에 최를 박았는데 '최발'이라고도 한다.

부티 베를 짤 때 말코 두 끝에 감아 허리에 차는 끈이다. 나무, 가죽, 베, 짚 등을 이용하여 만든다.

말코 짜여져 나오는 피륙을 감는 대이다. 중간에 홈이 있어 베의 끝을 꿰어 부티를 양쪽에 잡아맨다.

앉을깨 베틀 뒷다리 위에 걸쳐 사람이 앉는 판대기이다.

뒷다리 베틀 뒤를 버티는 짧은 다리로 뒷기둥이라고도 한다. 여기에 앉을깨를 걸쳐 놓는다.

다올래 베를 짤 때 앞이 차면 날줄을 풀기 위해 도투마리를 밀어 넘기는 긴 막대로 밀침대 또는 밀대라고도 한다.

베틀신 용두머리에 뻗친 쇠꼬리 끝에 잡아맨 끈에 달린 신이다. 한쪽 발에 신고 다리를 오므렸다 폈다 한다.

베틀신대 용두머리 중간에 구멍을 뚫어 뒤로 꿰는 구부정한 나무로 끌신대, 쇠꼬리 등으로도 불린다. 이 끝에 베틀신(끌신) 끈이 달렸다.

가로대 베틀다리 곧 누운다리 두 사이에 가로지른 나무이다. 보통 한 개로 되어 있으나 큰 베틀은 두 개로 되어 있는 것도 있다(전남 고흥). 이것이 베틀을 고정시키는 역할을 한다.

눌림대 잉아 바로 뒤에 놓인 막대로 양끝을 끈으로 매어 베틀다리에 묶었다. 베날을 고정시키는 역할을 한다.

베틀다리 베틀의 중심 뼈대가 되는 것으로 앞, 뒷다리를 연결하여 가로로 뻗쳐 누운 굵고 긴 나무이다.

앞다리 베틀다리(누운다리)의 앞쪽에 구멍을 내어서 박아 세운 기둥이다. 보통 밑쪽은 굵고 위쪽은 가늘며, 꼭대기는 반원으로 파서 용두머리를 걸치게 되었다. 도투마리로 이 앞다리 윗부분에 걸치게 되어 있다.

도투마리 베를 매서 감아 두는 틀. 여기에는 항상 톱대가 매달려 있다. 베틀에서는 앞다리 너머 채머리 위에 얹어 둔다.

톱대 도투마리 목에 끈으로 매어진 막대이다. 올을 바디에 꿰어 이 톱대에 고정시키고 도투마리에 감는다.

뱁댕이 베를 매어 도투마리에 감을 때 날이 서로 붙지 못하게 사이사이에 지르는 막대로 뱁대라고도 한다.

비경이 가는 나무 또는 대오리 세 개를 반원형으로 휘어 만든 틀의 양끝과 중간에 꿰어서 만들었다. 사침대와 눌림대 사이에 위치한다.

사침대 도투마리와 비경이 사이에서 날줄이 서로 엇갈리게 띄어 주는 역할을 한다. 재료는 나무나 대로 만들며 두 사이는 14센티미터 정도의 너비로 끈으로 고정시켰다.

풀솜 실을 켜지 못하는 허드렛고치를 삶아서 만든 것으로, 떨어진 올을 비벼서 잇는 데 쓰인다. 눈썹끈이나 잉앗대에 걸어 두고 쓴다.

채머리 베틀의 누운다리가 앞다리 뒤쪽으로 내민 부분을 말하며 여기에 도투마리가 얹어진다.

물레

솜이나 털 따위의 섬유를 자아 실을 뽑아내는 데 쓰이는 틀이다. 100쪽 사진 나무로 된 여러 개의 물레살을 동줄로 얽어 매어 보통 6각 또는 8각의 둘레를 만들고, 가운데에 굴통을 박아 꼭지마리로 돌리게 되어 있다.

물레 바탕에 연결된 가랫장 끝에 괴머리를 끼었다 뺐다 할 수 있도록 했다. 괴머리에는 두 개의 기둥에 각각 쇠고동을 박아 가락을 끼울 수 있게 했으며, 물레태(줄)로 물레바퀴와 가락을 걸어서 돌아갈 때 고치에서 실이 드러지게 했다.

이러한 물레를 사용하여 실을 자을 때에 부르는 노래로 다음과 같은 것이 있다.

물레야 물레야 뱅뱅뱅 돌아라
남의 집 귀동자 밤이슬 맞는다.
(전남 고흥 민요)

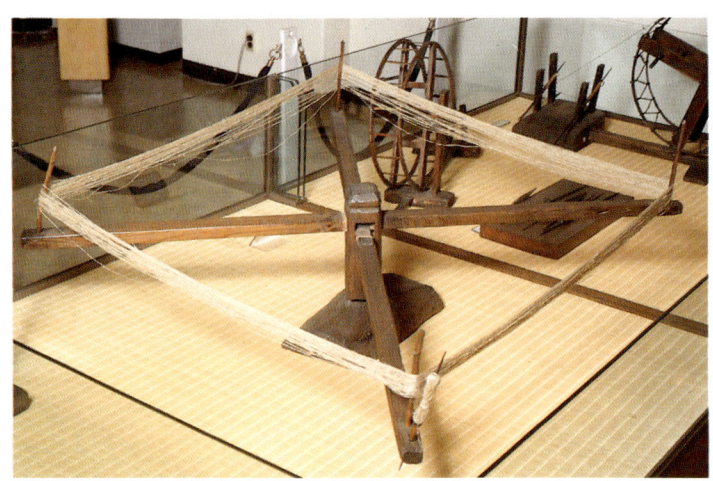

물레 농업박물관 소장.(위, 아래)

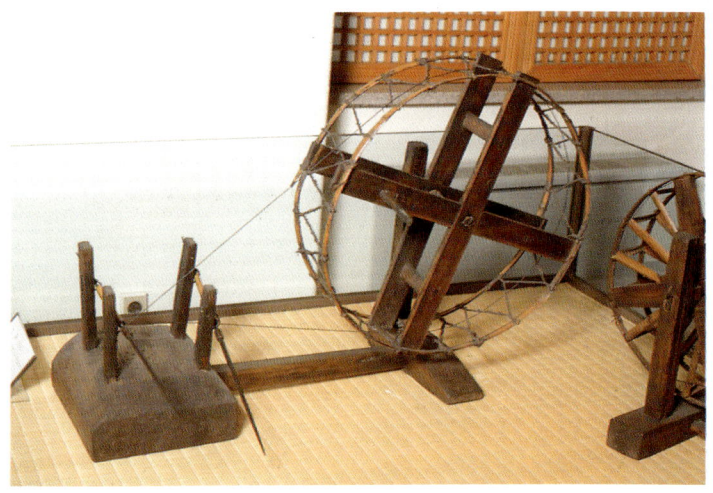

물레의 부분 명칭을 알아보면 다음과 같다.

꼭지마리 물레의 손잡이다. 주로 옹이진 소나무 가지를 활용하여 만든다.

동줄 물레의 앞, 뒷살과 살을 연결시켜 바퀴를 이룬다. 볏짚알, 왕골, 청얼치 등으로 꼰다.

굴동 물레바퀴 축을 이루는 나무로 바퀴를 돌리는 중심대이다.

바탕 물레의 중심이 되는 몸체로 앞뒤에 설주가 서게 된 큰 나무이다.

설주 물레 바탕에 앞뒤로 세워진 기둥으로 물레바퀴를 떠받치고 있는 나무이다.

물레살 굴동의 앞뒤에 각각 3 내지 4개씩 꿰어 바퀴를 이루는 나무살이다.

물레바퀴 물레의 굴동에 끼운 살을 동줄로 얽어 매어 이루어진 바퀴이다.

물레태(줄) 물레살을 동줄로 얽어 형성된 바퀴와 가락에 걸어 감은 줄이다(줄을 드릴 때 밀칠을 함).

물렛돌 물레 바탕과 괴머리를 연결하는 가랫장에 가로질러 물레가 움직이지 않도록 하는 넓적한 돌이다.

가랫장 물레 바탕과 괴머리를 연결하는 나무때기이다.

괴머리 가락을 꽂게 된 나무 바탕이다.

괴머리 기둥 괴머리의 앞뒤에 박혀진 두 개의 기둥이다.

고동 괴머리 기둥의 오른쪽에 각각 박은 두 개의 쇠고리로 여기에 가락을 꽂게 되어 있다.

가락 물레로 실을 자을 때 또는 실을 올릴 때에 쓰이는 두 끝이 뾰족한 쇠꼬챙이다. 길이는 한 뼘에서 30센티미터 가량까지이다.

가락옷 실을 자을 때 가락에 끼워 실을 감는 종이. 댓잎, 짚껍데기(호배기)라고도 한다.

씨아

목화의 씨를 빼는 기구로 대개 장방형의 나무 토막으로 몸체를 삼아 두 개의 기둥을 박고, 그 아래쪽을 작은 판때기로 가로질러 가랫장 비슷하게 고정시켰다. 양기둥에는 길게 구멍을 뚫어 두 개의 가락을 받침대와 함께 끼워 쐐기를 박아 고정시켰다. 가락은 참나무 등의 단단한 나무로 만들며, 가락의 한 쪽을 톱니바퀴처럼 서로 맞물려 돌아가도록 귀를 냈으며 몸체는 원형이다. 장가락은 씨아손을 끼워 돌릴 수 있도록 오른쪽 기둥 밖으로 길게 노출되어 있다. 흔히 단가락을 암가락(암씨앗이동)이라 하며, 장가락을 수가락(수씨앗이동)이라 한다.

몸체 나무 토막에 판때기를 끼웠는데 이것이 앉을깨이다. 여기에 사람이 걸터앉아 오른손으로 씨아손(꼭지마리)을 잡고 돌리면서 왼손으로는 목화를 가락의 틈새로 메기면, 씨는 빠져서 앞으로 떨어지고 솜은 뒤로 빠져 나가게 된다. 이 행위를 씨아질이라 한다. 씨아가 잘 돌지 않고 굉음을 내면 빨래비누를 떼어서 귀에다 넣고 돌리면 소리도 죽고 잘 돌아간다. 보통 하루에 한 사람이 목화씨 두세 말을 뺀다.

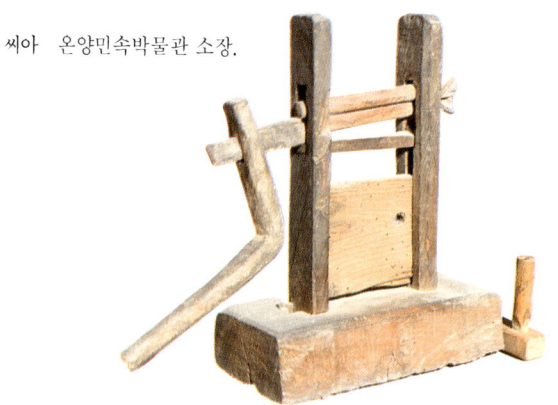

씨아　온양민속박물관 소장.

씨아의 부분 명칭을 알아보면 다음과 같다.

단가락 톱니처럼 마주 돌아가게 된 위쪽 가락으로 암가락(암씨앗이동)이라 한다.

장가락 단가락과 맞물려 돌아가게 된 아래쪽 가락으로 수가락(수씨앗이동)이라 한다. 씨아손을 끼게 되어 있다.

귀 두 개의 가락이 서로 맞물려 돌아갈 수 있도록 왼쪽에 톱니바퀴처럼 파내어 만든 부분이다.

쐐기 단가락과 장가락이 맞물려 돌아가도록 밑에서 받치는 나무이다.

씨아손 씨아를 돌리는 손잡이로 자연생 나뭇가지를 이용하는 것이 보통이다.

앉을깨 씨아 바탕에 끼워 사람이 깔고 앉아서 씨아를 돌리는 나무판이다.

씨아 바탕 몸체가 되는 나무 토막이다.

씨아 기둥 몸체에 세워진 두 개의 기둥에 가락과 쐐기 등을 설치한다.

가마니틀

볏짚으로 가늘게 새끼를 꼬아 날을 걸고 짚을 씨로 하여 가마니를 치는 기계로 대개 2, 3인이 조를 이루어 짠다. 2인일 경우는 바디질과 바늘대질을 하는 사람이고, 3인일 경우는 짚을 걸어 주는 사람이 더해진다.

104쪽 사진

형태는 굵고 두툼한 나무 토막에 장방형의 틀을 짜거나 또는 한 개의 가로대를 설치하고, 양쪽 토막에 기둥을 비스듬히 세워서 그 끝에 도리(둥근 나무)를 가로로 끼웠다.

가마니틀의 부분 명칭을 알아보면 다음과 같다.

바탕 가마니틀의 기본을 이루는 나무 토막으로 이것이 중심을

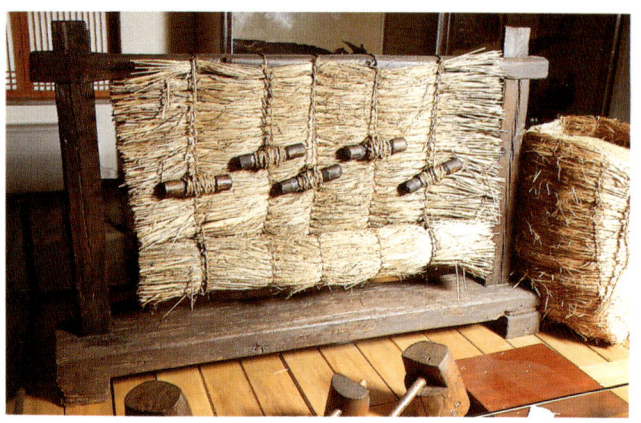

섬거적 가마니는 일제시대에 계량화된 것이고, 우리 고유의 것은 섬이다. 농업박물관 소장.

잡아 준다.

가로대 바탕의 두 사이를 고정시켜 주고 노(새끼)가 아래로 둘러 걸쳐지게 하는 역할도 하는 바탕 받침이다.

기둥 양쪽 바탕에 비스듬히 박아서 도리를 가로로 끼우는 나무이다.

도리 양쪽 기둥 위에 가로로 끼워서 노가 감겨 넘어가도록 된 가로대이다.

버레 가마니 노를 다 걸면 줄이 탱탱하도록 놓아 기둥의 뒷부분 사이에 버팀목을 끼워 내리는 것을 말하며 조임대라고도 한다.

바디 참나무나 박달나무 등 단단한 것으로 노를 꿰어 다져서 가마니를 짜는 기구이다.

걸대 가마니틀에 노를 걸 때 밑바탕의 가로대와 위쪽의 도리를 감아 돌린 새끼를 걸대에서 연결 고정시키는 대나 나무 작대기이다. 달대, 날대 등의 이름도 있다.

바늘대 가마니를 칠 때 날의 벌어진 사이로 짚을 밀어 넣거나 또는 걸어 당기는 기능을 갖는 대로 만든 바늘대이다.

기타 연장

갈퀴 곡물이나 풀잎, 낙엽, 검불 등을 긁어 모으는 농기구의 하나이다. 여러 개의 대쪽이나 싸리, 철사 등의 끝을 갈고랑이처럼 되게 휘어 부채살 모양으로 가지런하게 펴고 춤(띠, 치마)을 매었다. 뒤는 끝을 오므리고 긴 자루를 달았다.

갈퀴의 발은 대개 10 내지 12개인데 촘촘한 것은 20개 이상인 것도 있다. 갈퀴 발은 2년생의 대쪽이나 싸리를 불에 구워서 휜 뒤에 짚으로 동여매어 두면 그대로 굳는다. 갈퀴는 자루와 발로 이루어지며 비를 맞으면 갈퀴발이 뻗치므로 주의해야 한다.

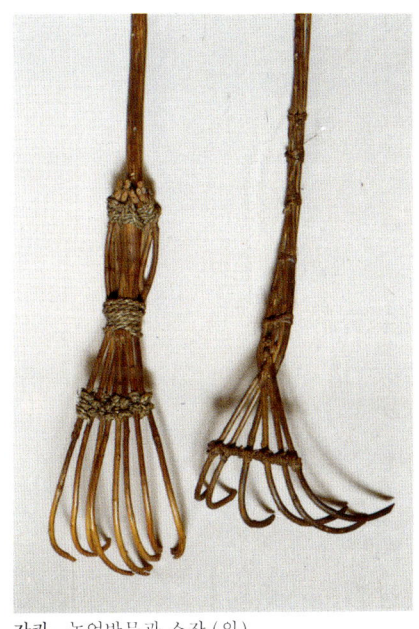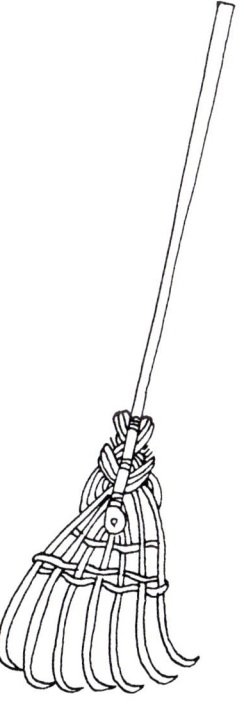

갈퀴 농업박물관 소장.(위)
「해동농서」의 갈퀴(오른쪽)

넉가래 농업박물관 소장.

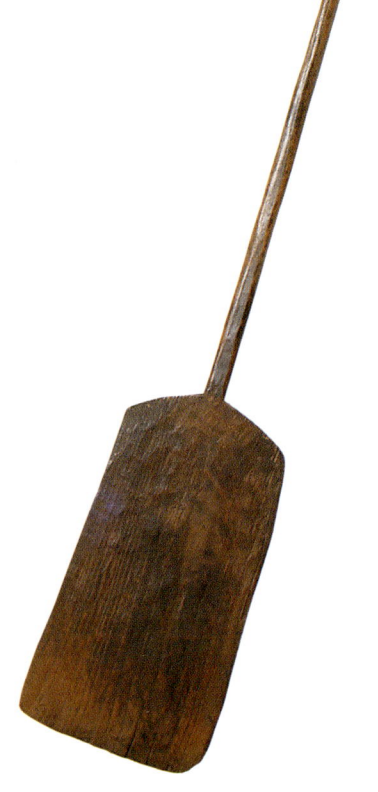

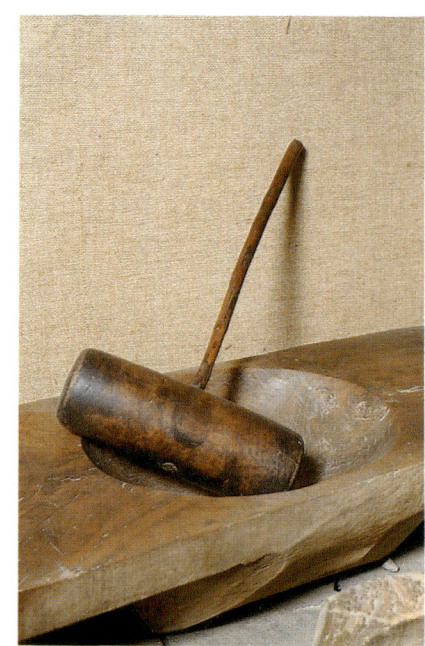

메 농업박물관 소장.

　넉가래　주로 타작 마당에서 곡식을 한 곳에 모으거나 눈 같은
것을 치우는 데 쓰이는 연장이다. 타작 마당에서 드림질(곡식에
섞인 먼지, 검불, 쭉정이 등을 바람에 날려 없애 버림)할 때 이것으
로 곡식을 떠서 공중으로 뿌려 바람에 잡티가 날아가도록 한다.
큰 널빤지를 가래와 자루가 제몸이 되도록 깎는다. 가래 바닥은
넓적하고 자루는 둥글다. 가래, 나무가래, 죽가래, 목가래, 목험(木
枚) 등 이름도 다양하다.

메 물건을 칠 때에 쓰는 무거운 방망이이다. 굵고 짧은 나무 106쪽 오른쪽 사진
토막의 중간에 구멍을 뚫어 긴 자루를 박은 것은 볏짚을 두드릴
때에나 말뚝을 박거나 땅을 다지는 데에 쓴다. 또 산에서 등걸(줄기
를 자른 나무 밑동)을 쳐서 뽑는 데도 쓴다. 길쭉하고 갸름한 나무
토막의 한 쪽에 자루를 박은 것은 방아를 찧거나 떡을 칠 때에 주로
쓰인다.

말 곡식이나 소금 또는 액체 등을 재는 분량(分量)의 한 단위
또는 그에 맞도록 만든 그릇이다. 옛날에는 정방형이나 옆면이 사다
리꼴인데, 현재는 원통형의 나무로 만든다. 보통 말이라 하면 되의
10배를 말하며, 이를 대두(大斗)라 하고 이의 절반이 되는 분량을
소두(小斗)라 한다. 모말은 고봉(高捧;수북하게 담는 일)으로 되지
만 둥근 말은 방망이로 민다.

되 곡식이나 액체 등의 양을 재는 분량의 한 단위 또는 그에
맞도록 만든 그릇이다. 예전에는 장방형이었는데 요즘은 정방형의
나무 또는 쇠로 만든다. 보통 되라고 하면 10홉을 말하며 이를 대승
(大升)이라 하고, 이에 절반 되는 분량을 소승(小升)이라고 한다.

되 온양민속박물관 소장.

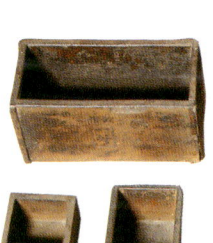
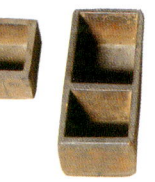
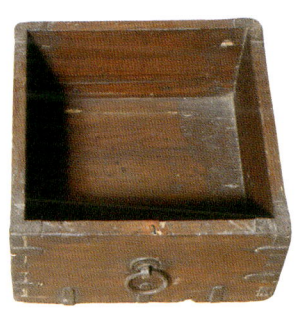

바가지 물을 푸거나 곡식을 담아 두는 그릇으로 주로 박을 타서 속의 씨통을 파내고 삶아서 박속을 긁어 낸 뒤에 말려서 쓴다. 우리나라 가정에서 가장 필요하고 다용도로 쓰이는 그릇의 하나로 집집마다 박넝쿨을 담, 울타리, 지붕 등에 올리어 가을에 수확하게 된다. 바가지는 크기에 따라 함박, 쪽박, 종가리 등의 구별이 있다. 바가지가 깨지면 소나무 뿌리로 기워서 쓰기도 한다.

도롱이 우장(雨裝)의 한 가지. 띠(茅)나 볏짚, 보릿짚, 밀짚 등으로 만들며 안은 엮고 겉은 줄거리를 내려뜨린 것으로 어깨에 걸쳐 둘러 입는다. 전에는 삿갓에 받쳐입었으나, 최근에는 보통 밀짚모자에다 받쳐입었다. 특히 제주도의 도롱이는 안을 가는 새끼로 그물처럼 정교하게 얽고 겉은 띠풀로 엮어 방한용으로도 활용될 수 있도록 하였다. 옛말에는 누역이라 하였다.

삿갓 볕이나 비를 피하기 위하여 쓰는 대오리나 갈대로 엮어서 만든 갓이다. 완만한 원뿔 모양이며 가장자리는 여섯 모가 나 있다. 우산처럼 양어깨를 가릴 수 있고, 속에는 미사리(삿갓 등의 안쪽에 대어 머리에 얹혀 쓰게 된 둥근 테두리)를 달아서 머리에 쓰기 편리하도록 되었다. 비가 올 때는 도롱이와 함께 갖추는 우장이다.

비 먼지나 쓰레기를 쓸어 내는 제구로 종류도 다양하여 방비, 마루비, 부엌비, 마당비 등이 있고 재료에 따라 짚, 띠, 싸리, 갈묵, 수수 그리고 소나무 뿌리털 등이 있다. 요즈음은 플라스틱 재료로 만든 비가 널리 쓰이고 있다. 특히 타작 마당에서 쓰는 비를 전남 고흥에서는 쓰렁대 빗자루(댓가지를 묶어 긴 자루를 박음)라고 부르고 있다.

농기구의 지역별 특성

일년 사계절을 한 주기로 해서 이루어지고 있는 농업은 대체로 산악 지대의 밭농사와 평야 지대의 논농사로 나뉘는데 이에 따라 사용하는 농기구의 형태도 지역에 따라 약간의 차이가 있다. 특히 농기구의 명칭은 군계를 벗어나면 달라지는 것도 많이 있다.

농기구의 형태는 인구 밀도, 밭농사와 논농사 등에 의한 농업의 조방성과 집약성, 건습도에 따른 농업의 지역성 문제 등을 고려해야 한다. 이춘녕 교수의 「이조농업기술사(李朝農業技術史)」(1964)에서 지역별 호미의 변화를 조방성, 집약성 농법, 지형, 토양, 교통 관계로 설명이 가능할 것 같다고 언급하면서 농기구의 지역별 특성을 논하고 있다. 김광언 교수는 「한국민속대관」(1982)에서 호미가 토질에 따라 날의 너비와 두께가 달라지며, 남쪽 지방의 호미는 얇고 가늘며 북쪽으로 갈수록 날이 넓고 두터워진다고 설명했다.

앞에서 소개한 농기구 가운데 대표적으로 호미를 살펴봄으로써 한국 농기구의 지역별 특성을 설명하고자 한다.

정시경은 '호미의 유형과 분포'(「문화유산」 제1호, 1960)에서 북한 지역의 호미 분포 지역, 형태상의 특징 따위를 21개의 그림을

110쪽 그림

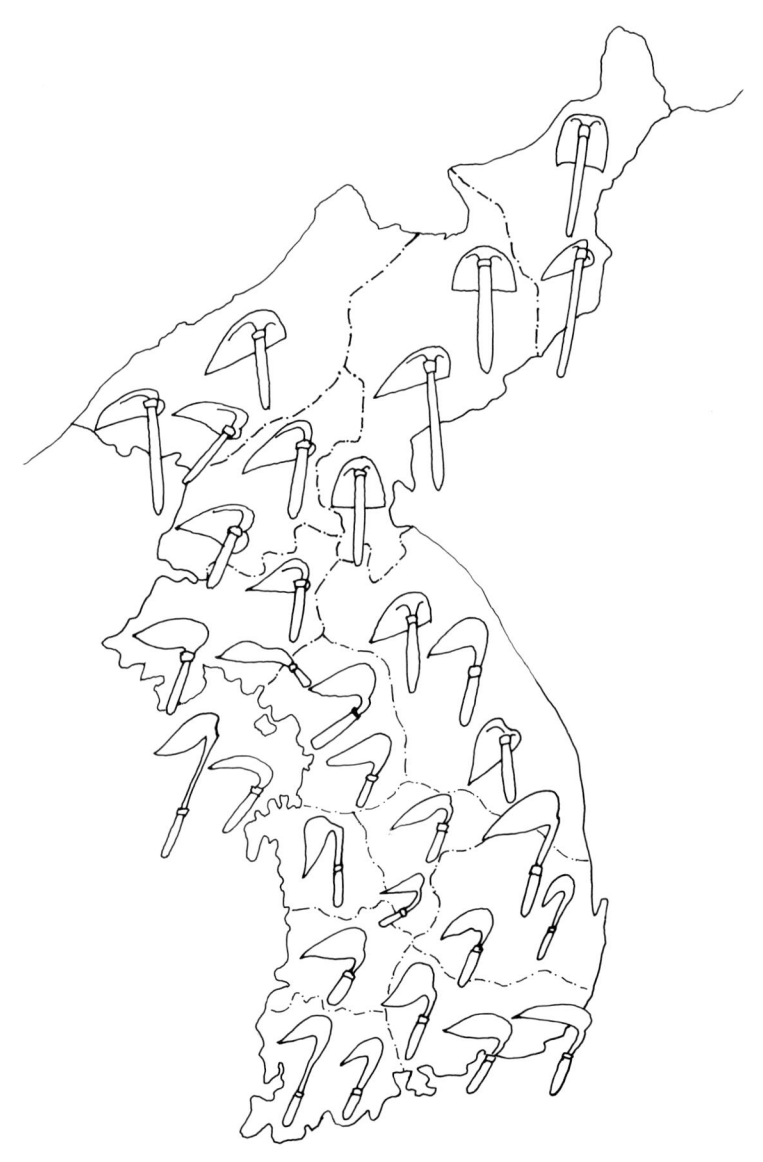

호미의 모양과 분포(이춘녕, 「이조농업기술사」 1964)

겉들어 상세하게 설명하고 있다. 호미의 유형을 기능 및 작용에 기준을 두면서 외형상 형태를 참작하여 첫째, 흙을 완전히 뒤집는 데 쓰는 경지기, 곧지기, 막지기, 벼루개, 볏쇠호미 둘째, 흙을 긁거나 쪼는 데 쓰는 평안도형 호미와 수숫잎호미, 깻잎호미, 평호미, 날호미와 강호미. 셋째, 흙을 긁어 올리거나 끌어내리는 데 쓰는 자루가 길고 귀가 달린 함경도형 호미로 분류하였다.

정시경은 또 '우리나라 재래 농기구의 유형과 그 분포'(「문화유산」 제3호, 1961)에서 일정한 유형의 쟁기, 호미, 낫의 지역 분포 등이 합치함으로써 우리나라 재래 농기구는 서로 구별되는 세 개의 종태를 이루고 있으며, 그 접촉 지역에서 중간형이 있다고 설명하였다. 호리, 곧직이(호미), 반달낫을 제1유형으로, 연장, 후치, 평안도형 호미, 낫을 제2유형으로, 가대기(쌍멍에가대기, 외가대기), 양귀호미, 낫, 드베를 제3유형으로 분류하였다.

112쪽 그림

제1유형은 두레를 갖추고 호미씻이를 행하는 한강 이남 지역에서, 제2유형은 한강 이북의 중부 지방과 낭림 산맥, 북대봉 산맥을 경계선으로 한 서북부 지방에, 제3유형은 낭림 산맥 동북부 전지역에 그리고 중간형은 황해도 서부와 중부 이남, 강원 북부, 강원도의 중부 이북에 분포하는 것으로 잡았다.

이처럼 농기구는 그 명칭은 말할 것도 없이 형태 기능에 있어서도 지역적 차이가 분명하다.

농기구의 분포를 지도로 작성해서 다른 문화 요소들과 더불어 지도 위에 표시하면 한눈에 지역적인 특징이나 농기구 자체가 가진 문화적 특징이 잘 드러날 것이다. 또 이것이 농기구 내지는 물질 문화(Material Culture)를 연구하는 데 있어 귀중하고 최종적인 방법이 되지 않을까 생각된다. 그래서 이러한 분포도는 현재 학계에서 활발히 논의되고 있는 한반도 기층 문화 내지는 민속 문화의 영역을 설정하고 밝히는 데 한층 더 정확한 자료를 줄 수 있을 것이다.

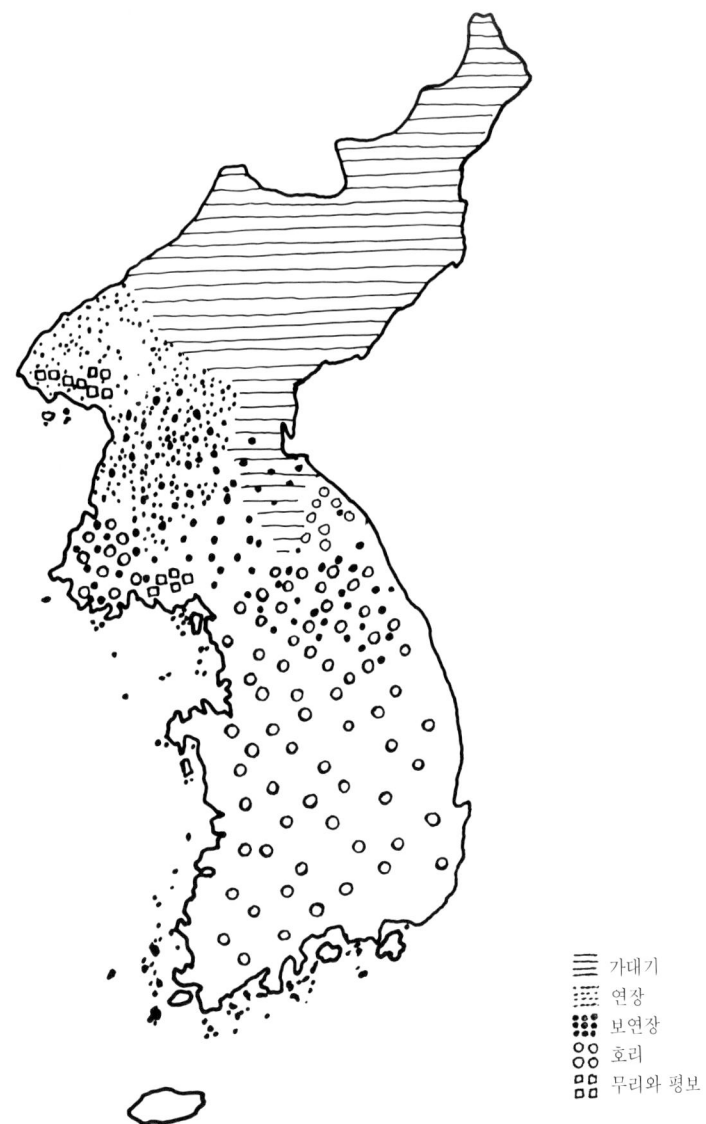

	가대기
	연장
	보연장
	호리
	무리와 평보

쟁기 분포도(정시경, '우리나라 재래 농기구의 유형과 그 분포' 「문화유산」 제3호, 1
   961)

김택규 교수는 세시 풍속, 의식주 생활, 민간 신앙, 민속 공예, 발굴 문화재 등에 보이는 문화 요소에서 유추하여 한반도 기층 문화 영역을 추석권, 단오권, 추석 단오 복합권으로 설정하고 있다. 문화 영역에 관한 가설을 농기구 유형의 지역적 분포 내지 특성을 규명함으로써 한반도의 문화 체계를 정립할 수 있을 것으로 생각한다.

그러나 앞에서도 말했지만 우리나라 농기구에 대한 연구에 있어서 각각의 농기구에 대한 민속 용어의 수집, 농기구의 제작 과정 및 이에 따른 금기나 의례의 조사 필요성, 농기구의 재질, 농기구의 개별적인 사용 예와 전통적인 농기구의 수집, 보관, 관리의 문제 등이 앞으로 해결되어야 할 과제들이다.

왜냐하면 농기구는 단순한 연장으로서의 용도에서만은 아닌 민중의 생활사를 밝히기 위한 물질적 근거를 제시하고 있기 때문이다. 사실 민중의 생활에 대한 기록은 역대의 왕조사에서는 거의 찾아볼 수가 없다. 이런 의미에서 민중 문화 또는 민속 문화를 기록 부재의 문화라고 할 수 있다. 그러나 동시에 민중 문화 혹은 민속 문화는 세대에서 세대로 전해지는 강한 전승력을 보유하고 있다.

그러므로 민중의 경제 생활에 밀접하게 관련되어 있었던 농기구 또한 한 세대에서 다음 세대로 경제 환경의 변화를 반영하면서 전승되어 온 한국의 대표적인 물질 문화로 이해되어야 할 필요성이 여기에 있다.

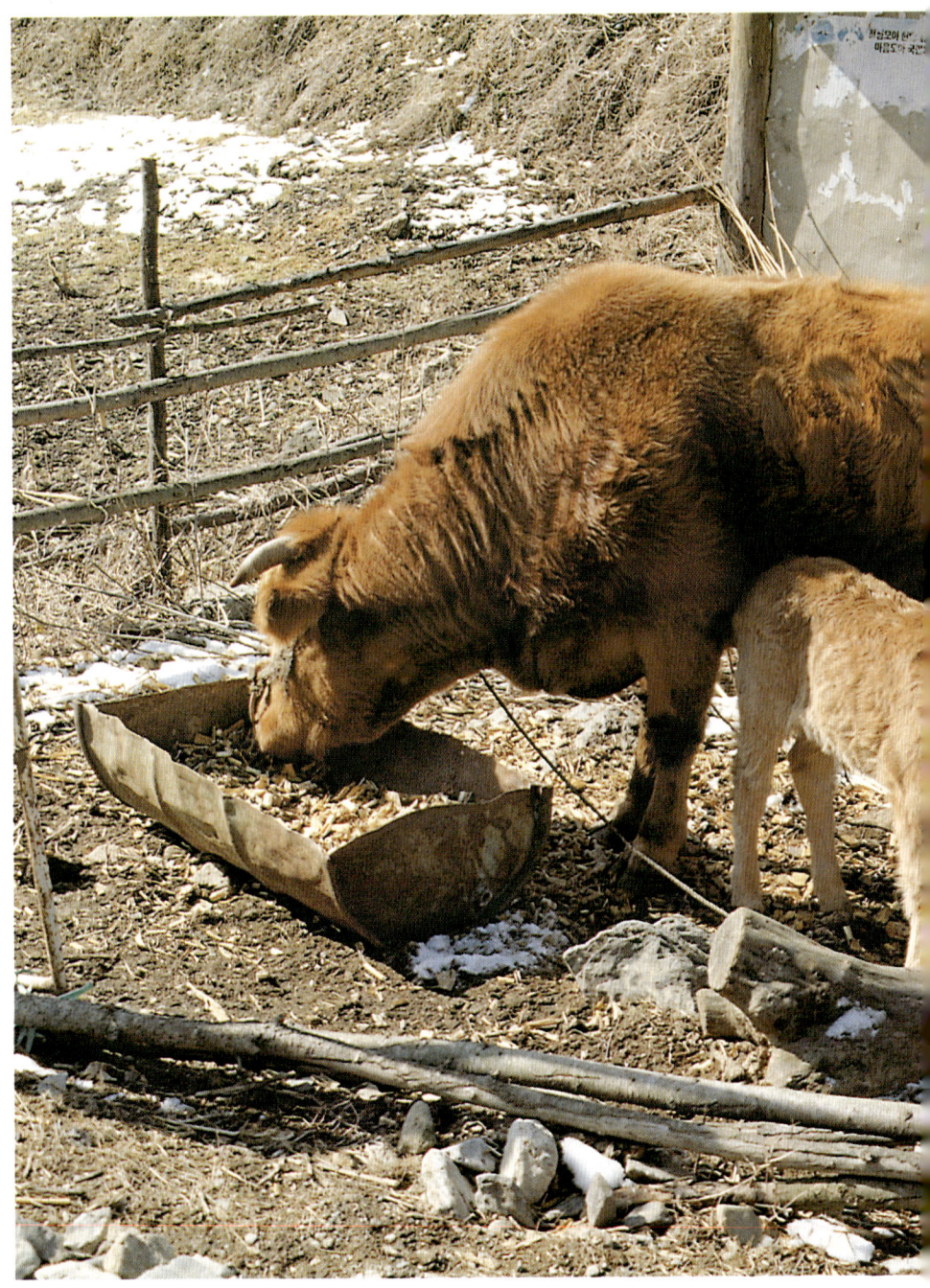

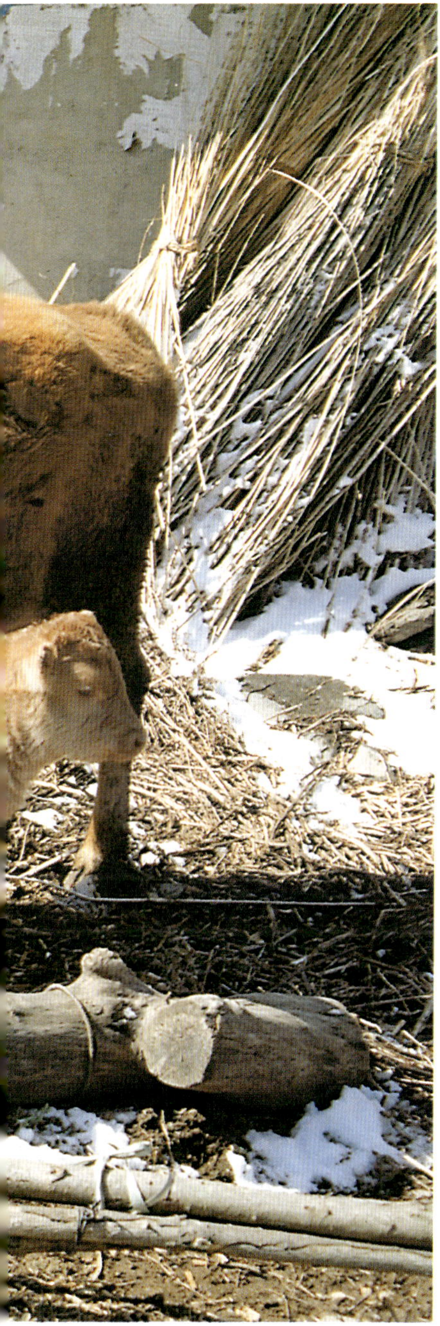

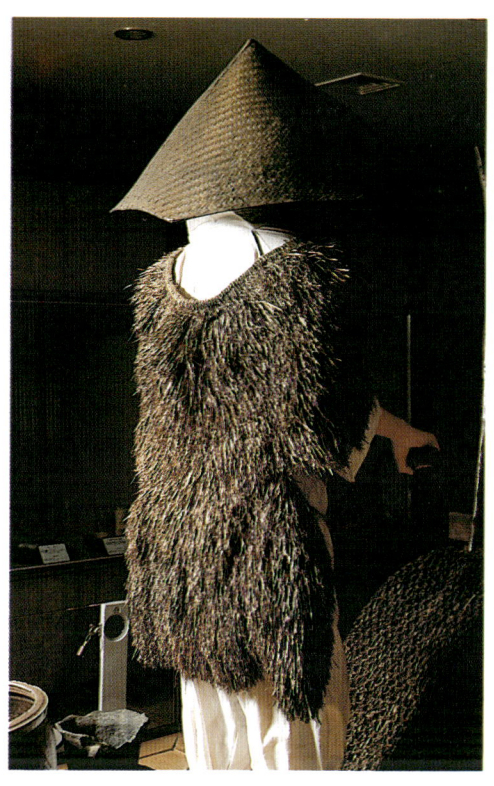

구유에 담긴 여물을 먹고 있는 소(강원 정선)
  구유는 굵은 통나무를 파서 만드는 것이 보통이나 돌구유
  를 사용하는 경우도 있다.(옆면)

삿갓(비나 볕을 가리는 갓)과 도롱이(어깨에 걸쳐 두르던
  재래식 우장) 농업박물관.(위)

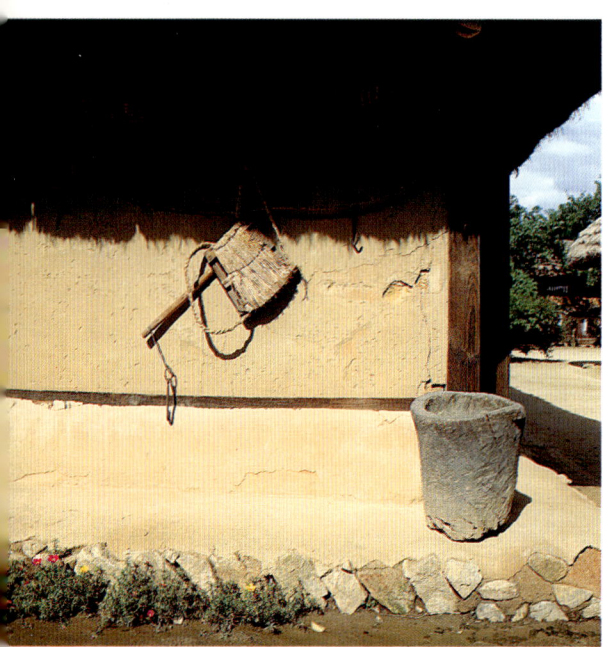

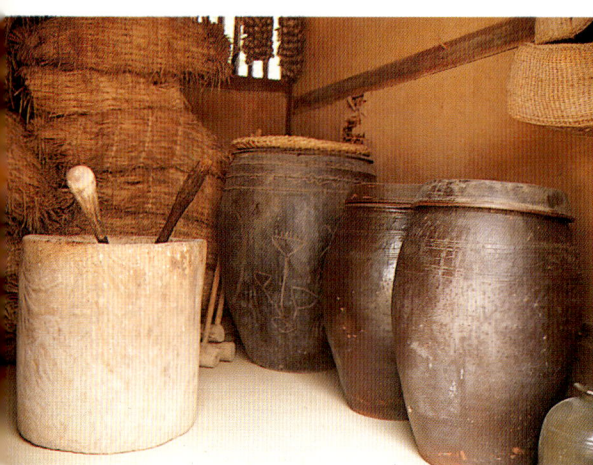

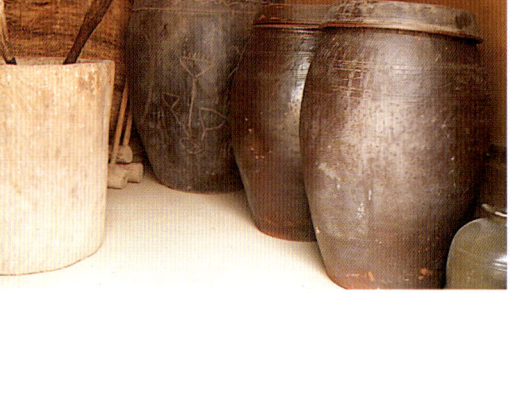

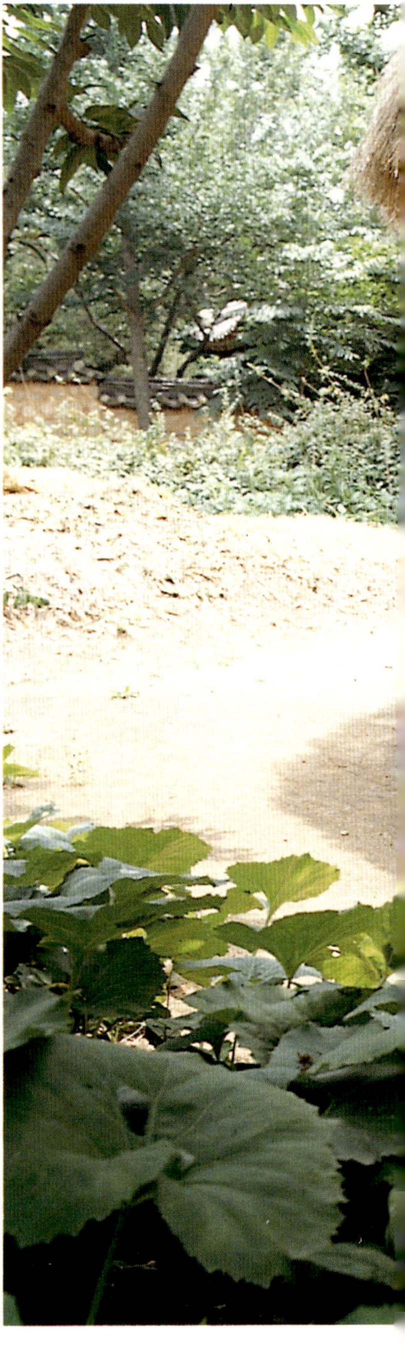

농기구가 있는 농가 전경(맨 위, 위)
곡물을 담아 갈무리하는 데 사용하는 장독 민속촌.(옆면)

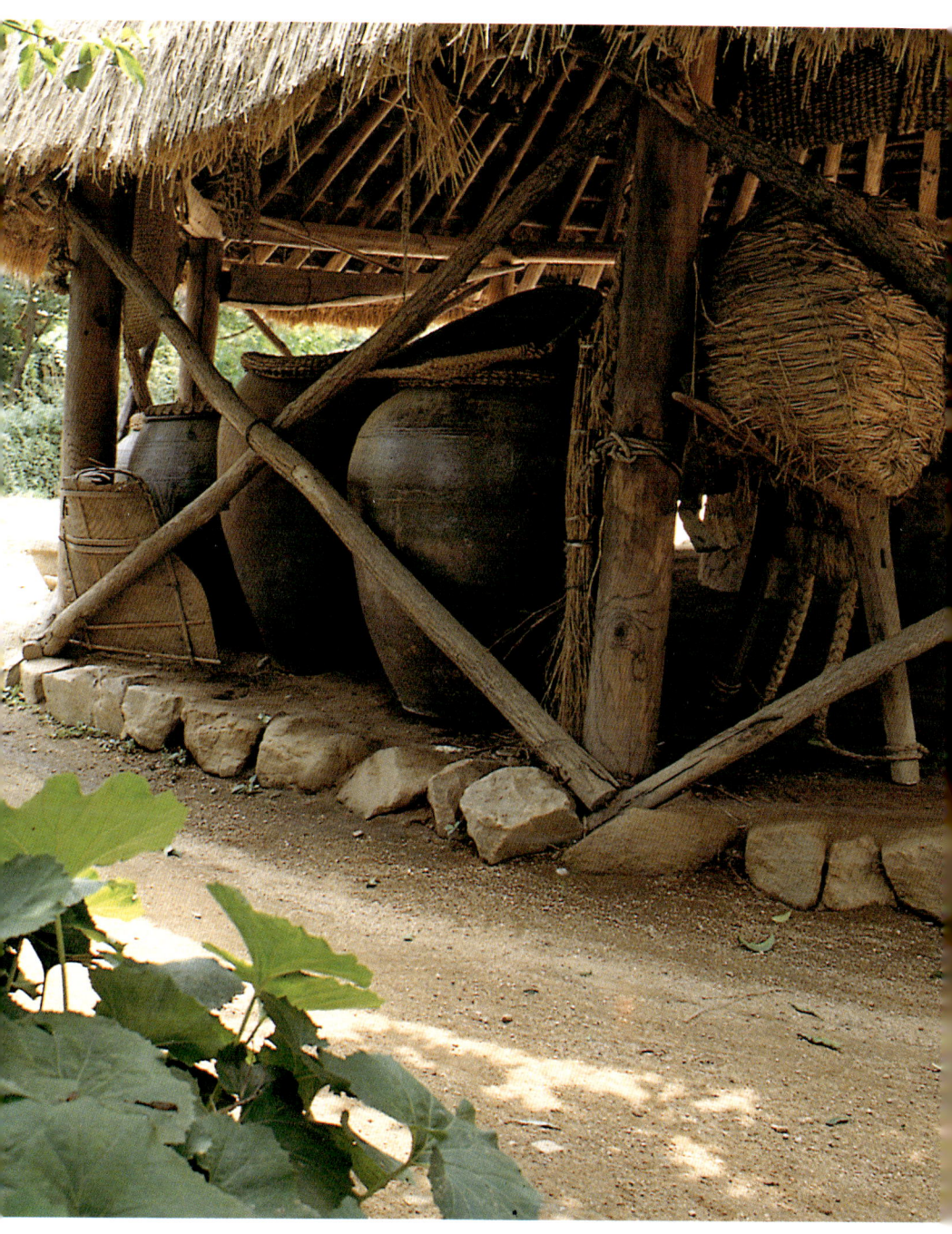

참고 문헌

고광민 '제주도 민구(1) : 보습'「탐라문화」제3호, 제주대학교,
        1984.
권진수 '한국재래농구의 역사적 변천'「한국의 농경문화」경기대
        학교 박물관, 1983.
김광언 「한국의 농기구」민속자료 보고서 제20호, 문화공보부
        문화재관리국, 1969.
_____ 「한국민속대관」(생업기술), 고려대학교 민족문화연구
        소, 1982.
       '농기구'「서해도서민속학」인하대학교 박물관, 1984.
_____ 「한국농기구고」한국농촌경제연구원, 1986. 5.
김택규 「한국농경세시의 연구」경남대 출판부, 1985.
배영동 「호미에 관한 연구」영남대 석사 학위 논문, 1987.
박호석 「동서양 쟁기의 기원과 발달」충남대 박사 학위 논문,
        1988.
이광린 「이조수리사 연구」한국연구원, 1961.
이춘녕 「이조농업기술사」한국연구원, 1964.
       '한국농경기원에 관한 소고'「민족문화」제7호, 1973.
_____ 「한국농학사」민음사, 1989.
김광언 '한국농기구'「성균관대학보」1981. 3.
정시경 '호미의 유형과 그 분포'「문화유산」제1호, 1960.
       '기경용 재래 농기구의 유형과 그 분포'「문화유산」제6
        호, 1960.
_____ '우리나라 재래 농기구의 유형과 그 분포'「문화유산」
        제3호, 1961.
지건길, 안승모 '한반도 선사시대 출토곡류와 농구'「한국의

　　　　농경문화」경기대학교 박물관, 1983.

최숙경 '한국 적수 석도의 연구'「역사학보」제3호, 1960.

고고학연구소 '회령오동 원시유적발굴보고'「유적발굴보고」
　　　　1960. 7.

김용간, 서국태 '서포항 원시유적발굴보고'「고고민속논문집」
　　　　1972. 4.

김용간, 석광순 「남경유적에 관한 연구」과학백과 사전 출판
　　　　사, 1984.

'궁산 원시유적발굴보고'「유적발굴보고」1957. 2.

'나진초도 원시유적발굴보고'「유적발굴보고」1956. 1.

'석탄리 유적발굴보고'「유적발굴보고」1980. 12.

심봉근「김해 부원동 유적」1981.

이건무 외 「중도」국립박물관 고적조사보고 제13책, 1980.

강인구 외 「송곡리」국립박물관 고적조사보고 제11책, 1979.

임효재 「흔암리 주거지」Ⅰ～Ⅳ, 서울대학교 박물관, 1974～
　　　　1976, 1978.

임효재, 권학구 「어산리 유적」서울대학교 박물관, 1984.

徐浩修 (1736～1799년)「해동농서」(乾), (坤).

「農桑輯要」

「農書」

「農政全書」

小田富士雄 '九州文化史研究所紀要'九州大學 九州文化史研究
　　　　施設, 1987(昭和 61年 3月).
　　　　　　'北部九州じおける 彌生文化の出現序說'
————　　'水稻農耕文化傳來をめぐゐ日韓交涉'

빛깔있는 책들 101-17

농기구

글	─박대순
사진	─김종섭
발행인	─장세우
발행처	─주식회사 대원사
주간	─박찬중
편집	─김한주, 신현희, 조은정, 황인원
미술	─차장/김진락 윤용주, 이정은, 조옥례
전산사식	─김정숙, 육세림, 이규헌

첫판 1쇄 ─1990년 9월 20일 발행
첫판 7쇄 ─2004년 12월 30일 발행

주식회사 대원사
우편번호/140-901
서울 용산구 후암동 358-17
전화번호/(02) 757-6717~9
팩시밀리/(02) 775-8043
등록번호/제 3-191호
http://www.daewonsa.co.kr

ⓦ 값 13,000원

Daewonsa Publishing Co., Ltd.
Printed in Korea(1990)

ISBN 89-369-0017-X 00380

빛깔있는 책들